ACCESO GRATIS a la Lectura en la Nube

Para visualizar el libro electrónico en la nube de lectura envíe junto a su nombre y apellidos una fotografía del código de barras situado en la contraportada del libro y otra del ticket de compra a la dirección:

ebooktirant@tirant.com

En un máximo de 72 horas laborales le enviaremos el código de acceso con sus instrucciones.

AF218713

COMUNIDADES ENERGÉTICAS EN ESPAÑA: ANÁLISIS Y PROPUESTAS PARA UN DESARROLLO REGULATORIO COMPLETO

COMUNIDADES ENERGÉTICAS EN ESPAÑA: ANÁLISIS Y PROPUESTAS PARA UN DESARROLLO REGULATORIO COMPLETO

PILAR NAVARRO RODRÍGUEZ

Profesora Titular de Universidad Pública (acreditada por ANECA), Profesora de Derecho Administrativo y miembro del Grupo de Investigación Derecho, Sostenibilidad y Nuevas Tecnologías (DESONT) de la Universidad de La Rioja (UNIR)

Esta publicación es parte del **Proyecto PID2021-124031NB-C41** financiado por MCIN/AEI /10.13039/501100011033 y por FEDER, UE.

Fundación | Cajasol

tirant lo blanch
Valencia, 2024

En caso de erratas y actualizaciones, la Editorial Tirant lo Blanch
publicará la pertinente corrección en la página web www.tirant.com.

Esta obra se ha elaborado en el marco del Proyecto de
investigación "Retos jurídicos para un sistema energético
100% renovable" (PID2021-124031NB-C41), del que su
autora es miembro del Equipo de Trabajo.

Director de la Colección:

FRANCISCO MANUEL SILVA ARDANUY

ÍNDICE

1. INTRODUCCIÓN: ANTECEDENTES REGULATORIOS Y EVOLUCIÓN DE LAS COMUNIDADES DE ENERGÍA DESDE SU REGULACIÓN INICIAL EN EL "PAQUETE DE INVIERNO" DE LA UNIÓN EUROPEA HASTA LA FECHA

El presente libro pretende ser una humilde contribución a la necesaria transposición completa y amplia que en materia de "Comunidades energéticas" (en adelante, CCEE) o "Comunidades Energéticas Locales" (en adelante, CEL), debe producirse en nuestro Ordenamiento jurídico interno[1] respecto de las previsiones recogidas en las Directivas de desarrollo del cuarto paquete de la energía, más conocido como "Paquete de invierno de energía" de la Unión Europea (UE), que en realidad tiene forma de documento denominado "Una energía limpia para todos los europeos" (de ahí que también se conozca como el "Paquete de Energía Limpia"), aprobado el 30 de noviembre de 2016, centrado en preparar el camino para la reforma de importantes Directivas comunitarias relacionadas con las energías renovables, la eficiencia energética y el mercado interior de la electricidad, para profundizar en los objetivos marcados por la UE en cuanto a reducción de emisiones de gases de efecto invernadero a través del progresivo abandono del uso de las energías fósiles (petróleo, carbón, etc.)[2].

---

[1]   Parte de esta obra trae causa de dos trabajos que con carácter previo publicó su autora, uno en solitario, denominado "La necesaria regulación interna y completa de las comunidades energéticas en España", *Revista de Derecho Urbanístico y Medio Ambiente*, Nº 360, 2023, pp. 69-116, y otro junto con Joan Herrera, en el ejemplar del Anuario del Gobierno Local dedicado a los Gobiernos Locales ante el cambio climático, al cual nos remitimos in extenso. *Vid.*, HERRERA, J., Y NAVARRO RODRÍGUEZ, P., "Las comunidades energéticas como nuevo sujeto del Derecho Energético en España; del falansterio a la transformación", *Anuario del Gobierno Local* Nº. 1, 2021 (Ejemplar dedicado a: Los Gobiernos locales ante el cambio climático), pp. 203-248.

[2]   Con anterioridad, la primera vez que se abordó de forma específica la situación de las Energías Renovables en Europa fue en el "Libro Verde sobre las fuentes de energía renovable" presentado por la Comisión en 1996. Y un año después, en 1997, se publicó el "Libro Blanco por el que se establecen una estrategia y un plan de acción comunitarios".

De hecho, este paquete de "Energía Limpia para Todos los Europeos", persigue tres objetivos principales: anteponer la eficiencia energética, lograr el liderazgo mundial en materia de energías renovables y ofrecer un trato justo a los consumidores.

Dicho documento introduce como una de sus principales novedades la identificación de las que denomina "Comunidades energéticas locales" como entidades que pueden desempeñar actividades relevantes para la transición energética y la descarbonización, y en las que cobra especial relevancia la participación ciudadana de ámbito local. Así, el referido documento introduce, por un lado, el concepto de la "Comunidad local de energía" en la propuesta de Directiva sobre normas comunes para el mercado interior de la electricidad y, por otro lado, el concepto de las "Comunidades de energías renovables" en la propuesta de Directiva relativa al fomento del uso de energía procedente de fuentes renovables.

En efecto, y tal y como ha destacado GIMENO FELIÚ en su trabajo sobre el proceso de construcción de la política energética europea[3], después de que la Directiva (UE) 2018/2001 del Parlamento Europeo y del Consejo de 11 de diciembre de 2018 relativa al fomento del uso de energía procedente de fuentes renovables, recogiese la figura de la comunidad de energías renovables, fue la Directiva (UE) 2019/944 del Parlamento Europeo y del Consejo de 5 de junio de 2019 sobre normas comunes para el mercado interior de la electricidad, la que introdujo la figura de las comunidades ciudadanas de energía, como una nueva figura llamada a jugar un rol importante en el impulso de una mayor participación ciudadana en el sector eléctrico[4]. Tal y como ya hemos señalado con anterioridad, dicha directiva impone además en su artículo 16 un mandato a los Estados miembros[5] consistente en otorgar un marco jurídico favorable a dichas entidades, recogiendo una serie de derechos y beneficios que corresponde

---

[3]   GIMENO FELIÚ, J. M., *El servicio público eléctrico en el mercado interior de la energía*, Civitas, Madrid, 1994. Y en el mismo sentido, *vid.*, LÓPEZ-IBOR MAYOR, V., *El derecho eléctrico español en el proceso de creación de la electricidad en la Unión Europea*, Tesis Doctoral, Universidad Complutense de Madrid, 2017.

[4]   Tan es así, que por ejemplo se ha considerado la institución o figura como de "estelar" en el nuevo modelo energético. Vid., DEL GUAYO CASTIELLA, I., y CUESTA ADÁN, A., "La regulación de los nuevos negocios eléctricos de la transición", *Revista Española de Derecho Administrativo*, núm. 214, 2021.

[5]   Sobre este asunto, vid., in extenso, el trabajo de CASTRO GIL AMIGO, J., "Las comunidades ciudadanas de energía (art. 16)", en PAREJO ALFONSO, L., y CASTRO-GIL AMIGO, J., (coords.), *Directiva de mercado interior de la electricidad*, Thomson Reuters-Aranzadi, 2020.

a los Estados miembros articular en sus respectivos ordenamientos jurídicos nacionales, para lo que establecía como plazo máximo el 31 de diciembre de 2020.

Pero en nuestro Ordenamiento jurídico interno, hasta la fecha actual, no se ha producido una transposición completa de estas figuras, sino de forma tangencial y en normas dispersas[6], con la modificación de varios artículos de la Ley 24/2013, de 26 de diciembre, del Sector Eléctrico (LSE) llevada a cabo por diversas normas, entre las que destacan el Real Decreto-ley 23/2020, de 23 de junio, por el que se aprueban medidas en materia de energía y en otros ámbitos para la reactivación económica, y el Real Decreto-ley 5/2023, de 28 de junio, por el que se incorporan al ordenamiento jurídico español los principios reguladores de las Comunidades Energéticas[7].

Así, en su la nueva redacción del artículo 6.1.j), de la LSE, dada por el Real Decreto-ley 23/2020, se definen las Comunidades de Energías Renovables como "entidades jurídicas basadas en la participación abierta y voluntaria, autónomas y efectivamente controladas por socios o miembros que están situados en las proximidades de los proyectos de energías renovables que sean propiedad de dichas entidades jurídicas y que estas hayan desarrollado, cuyos socios o miembros sean personas físicas, pymes o autoridades locales, incluidos los municipios y cuya finalidad primordial sea proporcionar beneficios medioambientales, económicos o sociales a

---

[6] Como contrapunto a este déficit de regulación completa y específica sobre la materia, hay que decir que sí que contamos con numerosos documentos de soft law sobre la materia, como son la *Guía para el desarrollo de instrumentos de fomento de comunidades energéticas locales*, publicada por el Instituto para la Diversificación y el Ahorro energético (IDAE, 2019); la *Guía para el impulso de comunidades energéticas con perspectiva municipal* (DIPUTACIÓN DE BARCELONA, 2021); o, la *Guía para la promoción pública de las comunidades energéticas* (DIPUTACIÓN DE VALENCIA, 2022). Además, hay guías elaboradas por asociaciones ambientales, destacando, por el exhaustivo análisis de las posibles figuras jurídicas existentes a la luz de la normativa estatal y autonómica aplicable, la "Guía Jurídica para la constitución de comunidades energéticas", del Instituto Internacional del Derecho y Medio Ambiente (IIDMA, 2022).

[7] El nombre técnico de la norma es: Real Decreto-ley 5/2023, de 28 de junio, por el que se adoptan y prorrogan determinadas medidas de respuesta a las consecuencias económicas y sociales de la Guerra de Ucrania, de apoyo a la reconstrucción de la isla de La Palma y a otras situaciones de vulnerabilidad; de transposición de Directivas de la Unión Europea en materia de modificaciones estructurales de sociedades mercantiles y conciliación de la vida familiar y la vida profesional de los progenitores y los cuidadores; y de ejecución y cumplimiento del Derecho de la Unión Europea.

sus socios o miembros o a las zonas locales donde operan, en lugar de ganancias financieras".

Y por su parte, el Real Decreto-ley 5/2023 incorpora el nuevo artículo 12.bis, relativo a la transposición del concepto de comunidades de energías renovables, que traslada, casi de manera literal, el contenido de la Directiva (UE) 2018/2001, en cuanto a su aplicación al sector eléctrico, y el nuevo artículo 12.ter, que regula el concepto de las comunidades ciudadanas de energía, en el sentido que veremos más adelante.

Además, se han aprobado otras tres normas en las que se aborda la cuestión de las Comunidades Energéticas, pero de manera parcial o tangencial y no completa.

Se trata del Real Decreto-ley 18/2022, de 18 de octubre, por el que se aprueban medidas de refuerzo de la protección de los consumidores de energía y de contribución a la reducción del consumo de gas natural en aplicación del "Plan + seguridad para tu energía (+SE)", el Real Decreto-ley 14/2022, de 1 de agosto, de medidas de sostenibilidad económica en el ámbito del transporte, en materia de becas y ayudas al estudio, así como de medidas de ahorro, eficiencia energética y de reducción de la dependencia energética del gas natural, y el Real Decreto-ley 20/2022, de 27 de diciembre, de medidas de respuesta a las consecuencias económicas y sociales de la Guerra de Ucrania y de apoyo a la reconstrucción de la isla de La Palma y a otras situaciones de vulnerabilidad, a los que nos referiremos con más detalle en los siguientes apartados.

Estas tres normas completan la actividad normativa interna en materia de regulación de las Comunidades Energéticas en España, pero seguimos sin contar con una norma jurídica específica que regule de forma completa y en su máxima expresión esta figura de las Comunidades Energéticas en nuestro país. Esta circunstancia podría haberse solventado si se hubiese culminado de forma completa el último hito regulatorio a nivel interno, que se produjo el 20 de abril de 2023, cuando el Ministerio para la Transición Ecológica y el Reto Demográfico (MITECO) abrió el procedimiento de audiencia e información pública en relación con el Proyecto de Real Decreto por el que se desarrollan las figuras de las comunidades de energías renovables y las comunidades ciudadanas de energía, cuyo plazo terminó el 17 de mayo de 2023. Pero dicho proceso normativo quedó paralizado tras la convocatoria de Elecciones Generales realizada ese mismo mes de mayo de 2023, por lo que, a la fecha de cierre de estas líneas febrero de 2024, seguimos sin contar con ese marco regulatorio completo, tan ansiado y demandado por el sector.

En todo caso, y para completar la visión completa de la regulación vigente en la materia, hay que añadir la aprobación de la Directiva (UE) 2023/2413 del Parlamento Europeo y del Consejo de la Unión Europea, de 18 de octubre de 2023 (en adelante, publicada en el Diario Oficial de la Unión Europea el 31 de octubre de 2023, también, la "**Directiva RED III**"), por la que se modifica, entre otras, la Directiva (UE) 2018/2001 (la conocida como **Directiva RED II**) en lo relativo a la promoción de la energía procedente de fuentes renovables, cuyo plazo máximo de transposición es para algunas cuestiones en marzo de 2024 y para el resto el 21 de mayo de 2025[8].

El presente libro pretende realizar una serie de aportaciones doctrinales y de lege ferenda en aras de contribuir a la aprobación definitiva del marco jurídico adecuado que regule de forma integrada el autoconsumo, los servicios de agregación y las Comunidades Energéticas, para cumplir los objetivos señalados en las referidas Directivas, construyendo el entorno favorable que permita su desarrollo, y contribuyendo con ello a la descarbonización del sistema energético de nuestro país.

Pero para poder estar en disposición de abordar el principal objetivo de esta obra, hay que partir de un análisis completo de los antecedentes regulatorios de las Comunidades Energéticas, tanto a nivel europeo como a nivel interno o estatal, cuestión que pasamos a realizar a continuación.

1.1. Antecedentes regulatorios a nivel Europeo

Como es bien sabido, la energía ha sido uno de los pilares sobre los que se ha edificado el proceso de integración europeo. De hecho, 2 de las 3 Comunidades constituyentes de la UE estaban directamente relacionadas con la Energía: el carbón, con la ya extinguida CECA, y la energía nuclear, a través de la todavía existente EURATOM. Y aunque el objetivo prioritario era la seguridad del abastecimiento energético, muy pronto se le añadieron aspectos ambientales, hasta configurarse los 3 objetivos prioritarios de la política energética europea: la seguridad del abastecimiento, la competitividad y la sostenibilidad o protección ambiental, objetivos ya

---

[8] Esta nueva Directiva RED III introduce una profunda revisión del régimen autorizatorio aplicable a los proyectos de energías renovables, especialmente los de eólica marina, la repotenciación, el autoconsumo, las bombas de calor, las zonas de aceleración y el interés público superior de dichos proyectos. También incluye novedades en materia de hidrógeno y biocombustibles, con el objetivo de fomentar la descarbonización de los sectores de la industria y el transporte.

recogidos en el Libro Blanco de la Comisión titulado "Una política Energética para la Unión Europea" de 1995.

Y sólo tras el Tratado de Lisboa se incorpora la energía como política de la UE, como una política claramente vinculada al medio ambiente, que se ejercita a través de una competencia compartida entre la UE y los Estados Miembros, incluyéndose en los últimos años, como es lógico, todo lo relacionado con la lucha contra el cambio climático.

Se trata de una rápida evolución en la que, como ha señalado el profesor GALÁN VIOQUE, "la Unión Europea, en su papel de líder mundial en la lucha contra el cambio climático, ha hecho una apuesta firme, y ya irreversible, en favor de las energías renovables poniéndolas además al alcance de los ciudadanos, y también consumidores de electricidad, impulsando el autoconsumo, la agregación de demanda y el asociacionismo a través de las Comunidades de Energías Renovables Locales[9]".

En ese contexto, y como ya hemos señalado con anterioridad, el origen de las conocidas como Comunidades Energéticas (esto es, las Comunidades de Energías Renovables y las CCE)[10] se encuentra en las dos Directivas que conforman el conocido como Paquete de Invierno de la Unión Europea[11].

– Por un lado, la Directiva 2018/2001 relativa al fomento del uso de energía procedente de fuentes renovables (DOUE, 2018), en la que se define el concepto de **Comunidad de Energías Renovables (CER)** como una entidad jurídica, de participación abierta y voluntaria, autónoma y efectivamente controlada por los socios o miembros próximos a los proyectos propiedad de dicha entidad jurídica.

La finalidad de estas comunidades de energías renovables debe ser, según esta Directiva, la de "proporcionar beneficios medioambientales, económicos o sociales a sus socios o miembros o a las zonas

---

[9]   GALÁN VIOQUE, R., "El reto de las energías renovables en Andalucía; ¿es posible un marco jurídico propio?", *Retos jurídicos actuales de la administración andaluza*, septiembre de 2022, p. 373.

[10]   Sobre este tema, *vid., in extenso*, BARTLETT I CASTELLÀ, E. R., «Comunidades energéticas», en *Estudios sobre cambio climático y transición energética: Estudios conmemorativos del XXV aniversario del acceso a la cátedra del profesor Íñigo del Guayo Castiella* / coord. por José Francisco ALENZA GARCÍA y Lorenzo MELLADO RUIZ, 2022, pp. 289-312.

[11]   Sobre este tema, *vid., in extenso*, GALLEGO CÓRCOLES, I., *Comunidades de energía y transición energética*, Thomson Reuters Aranzadi, 2022, pp. 24 a 44.

locales donde opera, en lugar de ganancias financieras", pudiendo realizarse mediante cualquier fuente de energía renovable, tanto para suministrar energía térmica como eléctrica.

– Por otro lado tenemos la Directiva COM 2019/944, sobre normas comunes del mercado interior de la electricidad (DOUE, 2018), que sienta unas bases, y define una **Comunidad Ciudadana de Energía (CCE)** como:

"Una entidad jurídica que: a) se basa en la participación voluntaria y abierta, y cuyo control efectivo lo ejercen socios o miembros que sean personas físicas, autoridades locales, incluidos los municipios, o pequeñas empresas; b) cuyo objetivo principal consiste en ofrecer beneficios medioambientales, económicos o sociales a sus miembros o socios o a la localidad en la que desarrolla su actividad, más que generar una rentabilidad financiera, y c) participa en la generación, incluida la procedente de fuentes renovables, la distribución, el suministro, el consumo, la agregación, el almacenamiento de energía, la prestación de servicios de eficiencia energética o, la prestación de servicios de recarga para vehículos eléctricos o de otros servicios energéticos a sus miembros o socios".

En ambas Directivas se establece la necesidad de aprobar por cada Estado Miembro unas garantías para las Comunidades de Energía, y un marco regulatorio favorable para ellas.

Ahora bien, tal y como ha señalado DEL GUAYO CASTIELLA, "la Directiva, como norma europea, y sin perjuicio de su posible efecto directo, impone solo una obligación de resultado, por lo que la comparación entre ordenamientos no debe detenerse en examinar si el contenido de la Directiva ha sido o no incorporado formalmente al ordenamiento jurídico de un determinado Estado miembro, sino sobre todo si esa incorporación, a la luz de la estructura empresarial sobre la cual va a operar, permite que se alcancen los resultados que la Directiva quiere. Así, la necesidad de este tipo de análisis que trata de ir más allá de la literalidad de las normas aprobadas en cada país es particularmente necesario cuando se advierte que la mayoría de los países acostumbran a transcribir en su propio ordenamiento las palabras de las Directivas, pero obviamente el sentido de esa transposición es bien distinto, en términos reales y no formales, cuando se aplica sobre una estructura empresarial energética como por ejemplo la española o la francesa (...)"[12].

---

[12] DEL GUAYO CASTIELLA, I., "Concepto, contenidos y principios del Derecho de la Energía", *Revista de Administración Pública* Nº 212, 2020.

Teniendo en cuenta lo anterior, a continuación pasamos a exponer las diferentes regulaciones que han ido aprobando en materia de Comunidades Energéticas los principales países de nuestro entorno.

El primer Estado de la Unión Europea que legisló de forma interna (adelantándose incluso a la transposición de las Directivas del Paquete de Invierno sobre las Comunidades Energéticas) fue **Grecia**, mediante la **Ley 4513/2018**, de 22 de enero de 2018, de Comunidades Energéticas en Grecia (en adelante, también, la "LCE"), incluyendo expresamente como principales objetivos de este modelo de organización en Grecia los siguientes: permitir la transición del país hacia el uso de energías renovables y abordar los problemas relacionados con la pobreza energética a través de la activa participación de los ciudadanos, las empresas y las autoridades locales en el modelo energético[13].

En cuanto al concepto jurídico regulado, y la fórmula jurídica elegida para su creación y desarrollo, hay que decir que la LCE de Grecia define a la Comunidad Energética Local como una cooperativa civil exclusiva.

En concreto, la define y regula con el siguiente tenor literal:

"una cooperativa civil exclusiva (con o sin ánimo de lucro) con el objetivo de promover la economía y la innovación social y solidaria en el sector energético, abordar la pobreza energética y promover la sostenibilidad energética, la producción, el almacenamiento, el autoconsumo14, la distribución y el suministro de energía, el refuerzo de la soberanía y la seguridad energética en los municipios insulares, así como la mejora de la eficiencia energética en el uso final a nivel local y regional".

Pero la Ley Griega no se queda sólo en su definición y la concreción de la figura jurídica, sino que prevé un amplio paquete de medidas de apoyo

---

[13]   FAJARDO GARCÍA, G., y FRANTZESKAKI, M., *"Las comunidades energéticas en Grecia"*, *REVESCO*, nº 137, 2021, p. 3.

[14]   Sobre el tema del autoconsumo, *vid., in extenso*, GALÁN VIOQUE, R., «El régimen del autoconsumo», en *El derecho de las energías renovables y el regadío: Congreso sobre el Derecho de las Energías Renovables y el Regadío*, celebrado en la Facultad de Derecho de la Universidad de Castilla-La Mancha (Albacete), el 9 y 10 de noviembre de 2017 / coord. por Francisco DELGADO PIQUERAS, Isabel GALLEGO CÓRCOLES, Universidad de Castilla-La Mancha, 2018, pp. 215-240. En relación con ello, vid., también, el estudio sobre autoconsumo en España de LEIVA LÓPEZ, A., «La regulación del autoconsumo de electricidad en un nuevo entorno social y tecnológico» en RVAP núm. 110, 2018, pp. 117 y ss. , y el trabajo de ZAMORA SANTA-BRÍGIDA, I., "La compensación de excedentes en el suministro de energía eléctrica con autoconsumo: una cuestión al fin resuelta, pero insuficientemente explicada", *Anuario Jurídico Secciones del ICAM* 2021 / coord. por Eugenio Ribón Seisdedos, 2021, pp. 379-389.

a las Comunidades Energéticas, tanto en cuanto a su financiación como en cuanto a su actividad.

De este modo, con el ejemplo pionero de Grecia, ha quedado muy patente la importancia del papel que la Administración pública puede y debe desempeñar en el desarrollo de estos proyectos, como lo demuestran las experiencias ya puestas en marcha y que han sido todo un éxito, entre las que destacan, desde la promoción de una Comunidad Energética en favor de todos los agricultores de una zona agrícola concreta como es Tesalia, hasta la posibilidad de participar en proyectos que promueven garantizar el suministro energético en islas diseminadas como Creta o Sifnos.

Y a la inversa, con las experiencias de Grecia, se ha constatado cómo una Comunidad Energética puede contribuir a promover nuevas actividades económicas (como la producción de pallets en Karditsa) e incluso incentivar actividades de innovación técnica (como la turbina eólica Thetis, que es de fabricación griega).

En todo caso, hay que señalas, como hace GALLEGO CÓRCOCOLES, que todos estos proyectos, lógicamente, han contado con financiación europea a través de los fondos FEDER[15].

Con posterioridad, algunos otros países europeos han aprobado regulaciones internas en este mismo sentido, destacando el caso más reciente de **Portugal**, que ha aprobado el **Decreto Ley 15/2022**, de 14 de enero, por el que se regulan de forma amplia y precisa las Comunidades Energéticas en este país, regulación a la que nos referiremos con más detalle en los apartados posteriores.

A continuación, y siguiendo en parte lo recogido por MENÉNDEZ SÁNCHEZ, y FERNÁNDEZ GÓMEZ[16], señalamos algunas de las principales experiencias a escala internacional, con casos de éxito contrastado (sin ánimo de ser exhaustivos):

- El primer antecedente en Europa de comunidades de energías renovables lo encontramos en **Dinamarca**, con la construcción allí en 1978 de uno de los primeros aerogeneradores modernos de la historia, gracias al impulso y la iniciativa de cientos de personas de la comunidad danesa de Ulfborg, a través del proyecto Tvindkraft.

---

[15]   Para más información sobre las Comunidades Energéticas en Grecia, *vid.*, GALLEGO CÓRCOLES, I., *Comunidades de energía y transición energética*, Thomson Reuters Aranzadi, 2022, punto 2.2 de su Capítulo IV.

[16]   MENÉNDEZ SÁNCHEZ, J., y FERNÁNDEZ GÓMEZ, J., *Comunidades Energéticas. Casos de estudio*, Cuadernos Orkestra Nº 5, Instituto Vasco de Competitividad, 2022, pp. 32 a 65.

Por este motivo, no es de extrañar que Dinamarca sea en la actualidad líder europeo en el uso de las energías renovables, especialmente con los modelos de propiedad colectiva de la energía eólica (cooperativas, agricultores o propiedad local) impulsados desde los años 80, así como su potente sistema de I+D+i y el enorme rechazo social que en este país tienen a la energía nuclear. Todo ello, sumado a que desde el punto de vista regulatorio se han ido aprobando normas que han favorecido aspectos fundamentales para las comunidades energéticas como son la ordenación del territorio, la fiscalidad o el régimen tarifario.

– En **Alemania** se ha conseguido que más del 55% de su electricidad provenga de fuentes de energías renovables, teniendo para ello un papel fundamental las comunidades energéticas, al contar con desarrollos continuos de marcos normativos estables durante más de 20 años, así como un rechazo potente a la energía nuclear, habiéndose desarrollado 3 modelos de Comunidades Energéticas, que son las siguientes:

1) Los modelos colectivos de parques eólicos o los Bürgerwindparks, cuyo desarrollo no es nada novedoso (articulándose a través de sociedades capitalistas), pero en cuyo desarrollo ha sido decisivo el rechazo a la energía nuclear y la aplicación de políticas públicas favorecedoras del desarrollo de la energía eólica.

2) Las comunidades solares o las *Stadtwerkes (*suministrador local de energía), cuyo auge se produjo después, tras la aprobación de la Ley sobre Energía Renovable en el año 2000, que establecía una tarifa garantizada muy atractiva para las instalaciones fotovoltaicas, por lo que su auge fue exponencial, y hoy día sirven de ejemplo a la hora de considerar a las comunidades energéticas locales como actores que operan en la red de distribución, bien mediante sociedades capitalistas, o bien mediante cooperativas energéticas, muy extendidas también en Alemania[17].

3) Los pueblos bioenergéticos o Bioenergiedorfs, cuyo origen está en un programa lanzado por el gobierno alemán en 2005 (en

---

[17] Para ampliar información sobre las Comunidades Energéticas en Alemania, *vid.*, ROMERO RUBIO, Mª del C., "Barreras y oportunidades para el desarrollo de Comunidades Energéticas sostenibles en España. Estudio comparativo en Estados Unidos y Alemania", Tesis Doctoral, 2015.

la actualidad este programa engloba ya a más de 170 pueblos bioenergéticos), para fomentar la creación de comunidades de energías rurales centradas en la bioenergía, en poblaciones rurales con sistemas de bioenergía que combina a nivel local la generación de electricidad con una red de calor. La primera experiencia práctica destacable en este país fue la del Bioenergiedorf Jühnde eG, que es una cooperativa en una pequeña localidad llamada Jühnde (Baja Sajonia)[18]. Surgió como iniciativa de la Universidad de Göttingen como proyecto piloto para desarrollar un modelo base de "pueblo de bioenergía" para ser implantado más adelante en otras zonas rurales alemanas.

– En Italia, aunque la normativa nacional hasta 2020 solo había transpuesto las Directivas de manera parcial (al igual que en España), hay 3 regiones que se adelantaron, aprobado ellas mismas sus propias normativas sobre la materia. Así, las regiones pioneras en aprobar una legislación sobre comunidades energéticas en su territorio han sido Piamonte, con la aprobación de la Ley de 3 de agosto de 2018, n° 1223; Puglia con la Ley de 9 de agosto 2019, n° 45, y Cerdeña, con la Ley de 4 de septiembre de 2019[19].

Y después de ello, ya se han aprobado varias normas a nivel estatal muy relevantes como son la Ley 8/2020, de 20 de febrero de 2020, que traspone la Directiva 2018/2001, incorporando el concepto de comunidades energéticas. Posteriormente, el Decreto Legislativo 199/2021 de 8 de noviembre de 2021, regula las comunidades de energías renovables y el Decreto Legislativo 210/2021, de 8 de noviembre, de 2021 introduce el concepto de comunidad ciudadana de energía. De todas estas normas se extrae la conclusión de que en Italia también se apuesta principalmente por la figura de las

---

[18]   La comunidad energética se basa tanto en la generación de electricidad como en la producción de calor, mediante un generador de biogás de 700 kW, cuya   producción se vierte a la red general y equivale al doble de la demanda de la población de la localidad. Este sistema de generación eléctrica, que se está planteado para complementarse con energía solar y eólica u otras fuentes renovables, alcanza los 5 MWh anuales. También se ha implantado un sistema de recarga de vehículos eléctricos alimentado con la energía generada por la   comunidad energética, que se enmarca dentro de un programa de movilidad compartida.

[19]   Para un conocimiento más detallado, Vid., PEZZAGIA, M., "Comunità dell'energia - Approfondimenti per il recepimento nazionale e analisi comparata delle leggi regionali sulla promozione delle comunità dell'energia", GPE, 2019.

cooperativas comunitarias a nivel regional como vehículo jurídico para la constitución de las Comunidades Energéticas en este país. De todas las experiencias italianas desarrolladas hasta la fecha, destaca la impulsada por la Università Politecnica delle Marche (UNIVPM), que tiene varios campus en la ciudad de Ancona que, de forma agregada, forman un hub o comunidad energética ideal para la puesta en marcha de un proyecto piloto en el marco del proyecto europeo eNeuron, que destaca porque combina formas de energía distintas de la electricidad (como el hidrógeno y el gas natural) y realiza actividades de agregación de la demanda[20].

–   En **Polonia** se permite el intercambio y distribución de electricidad por debajo de 110kV, bajo la **entidad legal 'energy clusters'**, en los que pueden participar la administraciones locales, personas físicas y/o jurídicas, unidades científicas y centros de investigación.

Esto ha sido posible porque desde el punto de vista regulatorio, las enmiendas presentadas en el año 2016 a la ley de 20 de febrero de 2015, sobre fuentes de energía renovables, incorporaron el concepto de cooperativa de energía, incluyendo las actividades de generación e instalaciones. No hay que olvidar que Polonia es un país con un sistema industrial (y por ende energético) obsoleto y dependiente de la hulla y lignito. Por ello, la legislación polaca ha puesto mucho énfasis en la búsqueda y consecución del objetivo de conseguir que exista un sistema de energía de emisión cero en el marco del Poland's Energy Polity until 2040, donde las Comunidades Energéticas están llamadas a jugar un papel fundamental, principalmente mediante la figura jurídica de la cooperativa.

–   En **Irlanda**, aunque no se ha aprobado ninguna normativa propia sobre Comunidades Energéticas, se ha impulsado la creación de centenares de comunidades energéticas sostenibles (las sustanta-

---

[20]   En esencia, consiste en cuatro campus distanciados entre sí dentro de la ciudad, pero interconectados bajo el esquema de comunidad energética. Por un lado, el núcleo del sistema es una microrred ubicada en Montedago, que combina distintas formas de energía y abarca tres facultades distintas (Ingeniería, Ciencias de la Vida y Agricultura); por otro, otras tres localizaciones separadas entre sí (Facultad de Economía, Facultad de Medicina y Rectorado) actúan como consumidores pasivos sin recursos energéticos distribuidos. Dicha microrred de Montedago combina diferentes sistemas energéticos y de servicios, y dispone de su propia infraestructura de distribución eléctrica interna y de calor y frío.

bles energy communities) a través del apoyo institucional de la agencia *Sustainable Energy Authority of Ireland (SEAI)*, en su programa *Sustainable Energy Communities (SEC)*.

Una SEC o comunidad energética sostenible es una comunidad en la que todos trabajan juntos para desarrollar un sistema energético sostenible.

Para ello, lógicamente, han contado con el inestimable apoyo de la Comisión Europea, que aprobó, a petición de la propia Irlanda, el Renewable Electricity Support Scheme (RESS), como ayuda de Estado, con medidas muy potentes de apoyo a las comunidades sostenibles y a las comunidades que incluyen los proyectos de las mismas, recibiendo los adjudicatarios unas ayudas durante 15 años en forma de prima sobre el precio de mercado.

– En **Francia**, la Ley de Transición Energética para el Crecimiento Verde aprobada en 2015 introdujo incentivos para la participación local en proyectos de energía renovable, entre los que se encontraban los llamados "bonos participativos" para promover el desarrollo y la participación de entidades locales en proyectos de energías renovables. Además, las Comunidades de Energías Renovables son citadas expresamente en el art. 40 de la Ley 2019-1147, de 8 de noviembre, relativa a la energía y el clima, ya que esta ley modificó el Código de la Energía francés, introduciendo expresamente el concepto de Comunidades de Energías Renovables. Y ya con posterioridad se han regulado con más detalle las Comunidades de Energías Renovables en este país en la Ordenanza n° 2021-236 de 3 marzo 2021 que traspone las anteriores directivas (UE) 2018/2001 y 2019/944.

Todo ello ha contribuido de manera decisiva en el avance de la implantación de esta figura en este país. Así, tal y como se destaca en algunos estudios[21], ya en 2020, Francia registraba 256 Comunidades de Energías Renovables que producían aproximadamente 512,5 MW y 1047,9 GWh de la electricidad que se suministraba al año en Francia y que involucraban a 21.350 ciudadanos que habrían invertido 34 millones de euros.

De todos los proyectos puestos en marcha en este país, destaca el liderado por Enercoop, cooperativa de gran tamaño con proyec-

---

[21]   *Vid.*, por todos, SERBI, C. y VERNAY, A. L., "Community renewable energy in France: The state of development and the way forward", *Energy Policy*, 143, 2020, pp. 4 a 13.

tos de generación y personas socias a lo largo de toda Francia. Centrada en la producción y comercialización de energía, no sigue necesariamente un esquema de cercanía entre proyectos y personas socias, si bien su modelo descentralizado favorece un enfoque de cercanía.

La fórmula legal francesa bajo la que se constituye Enercoop es la de Sociedad Cooperativa de Interés Colectivo (SCIC), en la que todos los miembros escogen representantes para las asambleas generales anuales, en las que se deciden los aspectos estratégicos de la cooperativa y se elige al director general de la misma de entre todos ellos.

Pero en Francia han ido más allá, de modo que, siendo conscientes de que debían dar más pasos regulatorios decididos para seguir facilitando el desarrollo de las Energías Renovables, y muy especialmente de las Comunidades Energéticas, el Parlamento francés ha aprobado en febrero de 2023 la **Ley de Aceleración de las Energías Renovables,** con la que se busca eliminar todos los obstáculos que retrasan el despliegue de proyectos de energías limpias y apoyar los objetivos del Gobierno francés para el año 2050 de multiplicar por diez la capacidad de producción de energía solar para superar los 100 gigavatios (GW) y desplegar unos 50 parques eólicos en el mar para alcanzar los 40 GW.

Además, en dicha Ley, por primera vez, se incluye una definición legal para **la agrovoltaica** (con un texto que **regula la instalación de paneles fotovoltaicos** en suelos agrícolas para que no se sacrifiquen tierras fértiles ni se talen bosques innecesariamente) con condiciones y marco equilibrados y claros.

Y como complemento de ello y en su desarrollo, en septiembre de 2023 ha aprobado oficialmente el Decreto de desarrollo de la **Ley de Aceleración de las Energías Renovables**, en el que se aumenta de 2 km a 20 km la distancia máxima entre los miembros de las comunidades energéticas de autoconsumo en las zonas rurales (los pertenecientes a las categorías pueblos rurales, medio rural con hábitat disperso y medio rural con hábitat muy disperso), y hasta 10 km en las regiones periurbanas los pertenecientes a las categorías pequeñas ciudades y cinturones urbanos de la tabla de densidad municipal establecida por el Instituto Nacional de Estadística[22] .

---

[22]   Este perímetro especifica la distancia entre los dos participantes más alejados dentro de una comunidad energética.

En cuanto a la fórmula jurídica de la entidad organizadora, se deja abierta por parte del Legislador francés.

– La **República Checa** aprobó a finales de 2023 una normativa bastante avanzada en la que incluye una regulación pormenorizada de las Comunidades Energéticas. Se trata de the czech energy communities act.

– Y finalmente, en **Portugal** se ha avanzado mucho tras la aprobación del **Decreto Ley 15/2022**, de 14 de enero, (con anterioridad, se movían con la regulación del autoconsumo, aprobada mediante el **Decreto Ley 162/2019**, de 25 de octubre, que aprueba el régimen jurídico aplicable al autoconsumo de energía renovable en Portugal, que incluía previsiones sobre las Comunidades de Energía Renovable en sus arts. 19 y 20), destacando la experiencia puesta en marcha por Coopérnico, que es una cooperativa con proyectos y miembros a lo largo de todo Portugal. Como pasa en Francia, no se establece un criterio de proximidad entre las personas socias de la comunidad y los puntos de generación eléctrica, pero sí entre organizaciones beneficiarias (impacto social) y un modelo de funcionamiento a través de grupos sociales (véase subapartados de modelo de operación y de gobernanza). Por otra parte, realiza actividades venta de electricidad que se complementan con la provisión de servicios de eficiencia energética.

El modelo de actividad de esta cooperativa está centrado en elegir entidades con objeto social (por ejemplo en colegios o escuelas), a las que propone alquilar sus azoteas o tejados para instalar paneles solares. Mediante los ingresos por la venta de electricidad generada, Coopérnico paga un alquiler por el espacio cedido a la entidad con propósito social en cuestión, de manera que esta percibe un ingreso adicional del que antes no disponía, y los ingresos restantes son repartidos entre los socios de la cooperativa.

Además de las dos importantes Directivas del Paquete de Invierno, hemos de hacer referencia, siquiera somera, a la reciente aprobación de la Directiva (UE) 2023/2413 del Parlamento Europeo y del Consejo de la Unión Europea, de 18 de octubre de 2023, por la que se modifica, entre otras, la **Directiva (UE) 2018/2001 ("Directiva RED III")** en lo relativo a la promoción de la energía procedente de fuentes renovables, cuyo plazo máximo de transposición es para algunas cuestiones en marzo de 2024 y para el resto el 21 de mayo de 2025.

La Directiva RED III aumenta el compromiso de los Estados miembros para 2030 respecto de la cuota de energía del consumo final bruto procedente de fuentes renovables de un 32% a un 42,5% (y hasta un 60% en 2035), para lo cual se incorporan importantes novedades, tanto para los sectores de las energías renovables, como para los de los combustibles renovables de origen no biológico ("RFNBO", por sus siglas en inglés), entre las que destacan las siguientes:

- – Se crean las ZONAS DE ACELERACIÓN RENOVABLE, lo que implica las siguientes ventajas:
  - • Silencio administrativo positivo ante la falta de respuesta de la Administración, salvo la autorización administrativa de explotación o cuando los proyectos requieran evaluación de impacto ambiental.
  - • Trámite de evaluación ambiental: los planes que establezcan las zonas de aceleración renovable serán evaluados ambientalmente, pero los proyectos a desarrollar en ellos no serán sometidos a una evaluación de impacto ambiental (salvo aquellos con efectos significativos sobre el medioambiente). En su lugar, se deberán adoptar medidas de mitigación adecuadas para la protección de la biodiversidad y los hábitats naturales.
  - • Plazos de tramitación reducidos: la localización de los proyectos dentro de las zonas de aceleración renovable reducirá los plazos de tramitación.

- – Se simplifican los procedimientos administrativos relacionados con las Energías Renovables.
  - • Presunción de las energías renovables como interés público superior: la tramitación de las plantas de energía renovable (incluyendo sus infraestructuras de evacuación) y los activos de almacenamiento se presumirán de interés público superior, así como contribuyentes a la salud y la seguridad públicas, cuando se ponderen los intereses jurídicos en cada caso.
  - • Simplificación de la permisología y reducción de los plazos: se aceleran los procedimientos administrativos de autorización, certificación y concesión de licencias relativas a (i) las instalaciones y redes de producción renovable de electricidad, frío o calor, (ii) la transformación de la biomasa en biocarburantes, biolíquidos y otros productos energéticos, y (iii) a los RFNBOs.

1.2. *Antecedentes regulatorios a nivel Estatal*

A nivel interno, lo primero a reseñar es que, a diferencia de otros países como Alemania, Dinamarca, Portugal o Francia, en nuestro país no han existido movimientos sociales tan potentes como en ellos que hayan provocado su amplia implantación, sino que las pocas iniciativas puestas en marcha hasta la fecha han sido más fruto de la iniciativa y del tesón de algunos responsables de algunas entidades locales, como veremos a continuación.

Uno de los motivos que pueden explicar esto es el hecho cierto de que en España no hay tanto rechazo a la energía de origen nuclear, y que venimos de un marco normativo que impedía la posibilidad de compartir energía. Pero desde la ratificación por parte de España del Acuerdo de París (2015) en 2017, se han ido produciendo cambios normativos o regulatorios que han ido abriendo el camino al desarrollo a gran escala del autoconsumo[23] a nivel tanto individual (en un principio) como colectivo (más recientemente).

Así, el Real Decreto-ley 15/2018 de medidas urgentes para la transición energética y la protección de los consumidores introduce cambios para el fomento de las energías renovables que afectan directamente a las comunidades energéticas locales, principalmente en materia de autoconsumo colectivo, al reconocerse el derecho a autoconsumir energía eléctrica sin cargos, el derecho al autoconsumo compartido e introducirse el principio de simplicidad administrativa y técnica para instalaciones de pequeña potencia (hasta 100 kW). Este Real Decreto-ley 15/2018 fue desarrollado por el Real Decreto 244/2019, de 5 de abril, por el que se regulan las condiciones administrativas, técnicas y económicas del autoconsumo de energía eléctrica.

Con posterioridad, el Real Decreto 23/2020, de 23 de junio, por el que se aprueban medidas en materia de energía y en otros ámbitos para la reactivación económica que aparece a raíz de la crisis sanitaria, económica y social derivada de la pandemia provocada por el COVID-19, introduce en la normativa española (en el artículo 6.1j), de la LSE) la definición de comunidades de energías renovables que la UE había incluido en su Directiva y contempla otras figuras relevantes como la del almacenamiento, la hibridación o el agregador independiente.

---

[23]   Sobre este asunto, *vid.*, PRESICCE, L., "El periplo de regulación del autoconsumo energético y generación distribuida en España: la transición de camino hacia la sostenibilidad", en RVAP núm. 113, 2019, pp. 201 y ss.

Es en esta norma interna (en el artículo 6.1j, de la LSE) en la que las Comunidades de Energías Renovables (CER) quedan definidas del siguiente modo:

> *"entidades jurídicas basadas en la participación abierta y voluntaria, autónomas y efectivamente controladas por socios o miembros que están situados en las proximidades de los proyectos de energías renovables que sean propiedad de dichas entidades jurídicas y que estas hayan desarrollado, cuyos socios o miembros sean personas físicas, pymes o autoridades locales, incluidos los municipios y cuya finalidad primordial sea proporcionar beneficios medioambientales, económicos o sociales a sus socios o miembros o a las zonas locales donde operan, en lugar de ganancias financieras".*

Y otros apartados del Real Decreto 23/2020 que hacen mención a las Comunidades de Energías Renovables son los dos siguientes:

✓ "El marco retributivo que regula este Real Decreto prevé el fomento de la diversidad de agentes en el despliegue de renovables y la necesidad de tener en cuenta las particularidades de las comunidades de energías renovables para que éstas puedan competir por el acceso al marco retributivo en nivel de igualdad con otros participantes del sector energético, todo ello de acuerdo con la normativa comunitaria".

✓ "En aras de mantener un parque de generación equilibrado, que maximice la penetración de tecnologías renovables no gestionables sin riesgo para la estabilidad del sistema eléctrico, así como una correcta programación en la senda de penetración de renovables, los procedimientos de concurrencia competitiva que se convoquen, que deberán estar orientados a la eficiencia en costes, podrán distinguir entre distintas tecnologías de generación en función de sus características técnicas, tamaño, niveles de gestionabilidad, criterios de localización, madurez tecnológica y aquellos otros que garanticen la transición hacia una economía descarbonizada. Igualmente, se podrán establecer mecanismos al objeto de considerar las particularidades de las comunidades de energías renovables y de las instalaciones de pequeña magnitud y proyectos de demostración a efectos del otorgamiento del nuevo marco retributivo".

Como se puede apreciar, en el Real Decreto 23/2020, se introduce en el ordenamiento jurídico español la definición, pero aún queda hacer todo el desarrollo normativo para que la figura de las Comunidades Energéticas quede desarrollada completamente en la legislación española, en el sentido previsto en el Plan Nacional Integral de Energía y Clima 2021-2030 de España, es decir, que tal y como muy certeramente han señalado MENÉN-

DEZ SÁNCHEZ y FERNÁNDEZ GÓMEZ, *"existe todavía un amplio potencial de mejora del marco normativo, especialmente en lo relativo a la integración eficiente de distintas figuras regulatorias (como el autoconsumo o la función de agregación independiente de recursos energéticos distribuidos) y a otras áreas como las microrredes, la digitalización, el desarrollo de redes inteligentes, la definición del rol de los "operadores de sistemas de distribución" o los mercados locales de flexibilidad"*[24].

Con posterioridad, se aprobaron en 2022 tres normas fundamentales en las que se aborda la cuestión de las Comunidades Energéticas, pero también de manera parcial o tangencial y no completa.

Se trata del Real Decreto-ley 18/2022, de 18 de octubre, por el que se aprueban medidas de refuerzo de la protección de los consumidores de energía y de contribución a la reducción del consumo de gas natural en aplicación del "Plan + seguridad para tu energía (+SE)", del Real Decreto-ley 14/2022, de 1 de agosto, de medidas de sostenibilidad económica en el ámbito del transporte, en materia de becas y ayudas al estudio, así como de medidas de ahorro, eficiencia energética y de reducción de la dependencia energética del gas natural, y del y el Real Decreto-ley 20/2022, de 27 de diciembre, de medidas de respuesta a las consecuencias económicas y sociales de la Guerra de Ucrania y de apoyo a la reconstrucción de la isla de La Palma y a otras situaciones de vulnerabilidad, a los que nos referiremos con más detalle en los siguientes apartados.

Y finalmente, hemos de recordar que el penúltimo hito regulatorio a nivel estatal se produjo el 20 de abril de 2023, cuando el Ministerio para la Transición Ecológica y el Reto Demográfico (MITECO) abrió el procedimiento de audiencia e información pública en relación con el Proyecto de Real Decreto por el que se desarrollan las figuras de las comunidades de energías renovables y las comunidades ciudadanas de energía, cuyo plazo terminaba el 17 de mayo de 2023. Este proceso normativo quedó paralizado tras la convocatoria de Elecciones Generales realizada ese mismo mes de mayo, por lo que, a la fecha de cierre de estas líneas, seguimos sin contar con ese marco regulatorio completo, tan ansiado y demandado por el sector. Quizás por ese motivo, y dado que el plazo de transposición de las Directivas del Paquete de Invierno en relación con las figuras de las comunidades de energías renovables y las comunidades ciudadanas de energía, había ya expirado hacía dos años, el Gobierno de España publicó

---

[24] MENÉNDEZ SÁNCHEZ, J., y FERNÁNDEZ GÓMEZ, J., *Comunidades Energéticas. Casos de estudio,* Cuadernos Orkestra Nº 5, Instituto Vasco de Competitividad, 2022, p. 7.

el Real Decreto-ley 5/2023, de 28 de junio, por el que se incorporan al ordenamiento jurídico español (en concreto, a la Ley 24/2013, del Sector Eléctrico) los principios reguladores de las comunidades energéticas. En concreto, regula de forma específica los derechos y obligaciones de las comunidades de energías renovables —en el nuevo artículo 12, bis) de la LSE— y la definición de las comunidades ciudadanas de energía —en el nuevo artículo 12, ter) de la LSE—, que venían recogidos en la redacción del proyecto de real decreto que ha quedado en stand by hasta la fecha de cierre de estas líneas.

En concreto, señala el art. 12 ter, sobre las Comunidades ciudadanas de energía que:

"1. En los términos en los que reglamentariamente se establezca, se establecerá un marco jurídico favorable para las comunidades ciudadanas de energía que garantice que:

a) la participación en una comunidad ciudadana de energía sea abierta y voluntaria,

b) los socios o miembros de una comunidad ciudadana de energía tengan derecho a abandonar la comunidad,

c) los socios o miembros de una comunidad ciudadana de energía no pierdan sus derechos y obligaciones como consumidores finales de energía eléctrica,

d) Puedan acceder a todos los mercados organizados de producción de energía eléctrica directamente o a través de la agregación de forma no discriminatoria.

e) Tengan garantizado un trato no discriminatorio y proporcionado en relación con el ejercicio de sus actividades, derechos y obligaciones como clientes finales, generadores, suministradores, o participantes en el mercado que presten servicios de agregación;

f) Estén sujetas a procedimientos y tasas, incluidos el registro y la concesión de licencias, equitativos, proporcionales y transparentes, así como a unas tarifas de acceso a la red transparentes y no discriminatorias, que reflejen los costes de conformidad con artículo 18 del Reglamento (UE) 2019/943, y que garanticen que contribuyan de manera adecuada y equilibrada al reparto general de los costes del sistema.

g) Puedan actuar como representantes de los consumidores para la realización del autoconsumo colectivo, siempre que estos otorguen las correspondientes autorizaciones".

Si ponemos en relación dicha redacción con la previsión de que las Comunidades Ciudadanas de Energía se prevé en la Directiva 2019/944, cabe destacar lo siguiente:

- El apartado 16.2 de la Directiva (UE) 2019/944 establece que los Estados Miembros podrán disponer de un marco jurídico favorable, en el que las Comunidades Ciudadanas de Energía tengan derecho a poseer, establecer, adquirir o arrendar redes de distribución y gestionarlas autónomamente, con arreglo a las condiciones establecidas en el apartado 4 de dicho artículo. Sin embargo, en la redacción dada en la Ley 24/2013, de 26 de diciembre, se ha optado por no incorporar este derecho a las CCE, que es de carácter potestativo para el Estado Miembro. Compartimos esa opción, al igual que lo hace la CNMC, dado que la distribución es un monopolio natural y no considera eficiente duplicar redes en zonas donde ya existen.

- El apartado 16.3.e) de la Directiva (UE) 2019/944 establece que los Estados Miembros garantizarán que las Comunidades Ciudadanas de Energía tengan derecho a organizar un reparto de la electricidad producida por las unidades de producción que pertenezcan a la comunidad, cumpliendo otros requisitos establecidos en el citado artículo, y a conservar los derechos y obligaciones de los miembros de la comunidad como clientes finales. Y precisamente en aplicación de dicha previsión de la Directiva, en el apartado g) del artículo 12.ter.del Real Decreto-ley 5/2023 se establece la posibilidad de que las Comunidades Ciudadanas de Energía puedan actuar como representantes de los consumidores para la realización del autoconsumo colectivo, siempre que estos otorguen las correspondientes autorizaciones.

- El apartado 16.3.c) de la Directiva(UE) 2019/944 establece que "Los Estados miembros garantizarán que las comunidades ciudadanas de energía sean responsables económicamente de los desvíos que causen en el sistema eléctrico; a estos efectos, serán sujetos de liquidación responsables del balance o delegarán su responsabilidad en materia de balance con arreglo a lo dispuesto en el artículo 5 del Reglamento (UE) 2019/943". Entendemos, al igual que lo hace la CNMC, que este concepto se ha introducido en el Real Decreto-ley 5/2023, ya que en el mismo se prevé expresamente que estas comunidades "Puedan acceder a todos los mercados organizados de producción de energía eléctrica directamente o a través de agregación de forma no discriminatoria" siendo responsables por tanto de sus desvíos, al igual que el resto de sujetos.

A nivel autonómico, se ha ido desarrollando algún marco normativo que regula y fomenta las comunidades de energía, destacando las Comunidades Autónomas de Cataluña y Navarra como las pioneras.

En **Cataluña**, se promulgó en 2021 el Decreto Ley 28/2021, de 21 de diciembre, de modificación del libro quinto del Código civil de Cataluña, con el fin de mejorar la eficiencia energética en edificios sometidos al régimen de propiedad horizontal. En esta normativa, se permite que la mayoría simple de los propietarios que presenten la mayoría de las cuotas de participación pueden abordar acuerdos relativos a la eficiencia energética en edificios, generando un comportamiento cooperativo entre los residentes, entre los que se puede encontrar la constitución de una Comunidad Energética a tal fin.

Por su parte, en **Navarra** se promulgó en 2022 la Orden Foral 64/2022, de 21 de octubre, del consejero de Desarrollo Económico y Empresarial, por la que se establecen medidas de fomento de las comunidades de energía en Navarra, donde considera a las comunidades energéticas como nuevos actores claves en la transición energética que precisan de medidas de apoyo para su implantación y desarrollo. Y esta norma en su artículo 3, considera a las comunidades energéticas como aquellas entidades jurídicas que:

"tengan capacidad para ejercer derechos y estar sujetas a obligaciones, estén basadas en la participación abierta y voluntaria de quienes la integren y tengan como objetivo principal ofrecer beneficios medioambientales, económicos o sociales a sus miembros o socios o en la zona donde desarrolla su actividad, más que generar una rentabilidad financiera".

En todo caso, estas dos primeras normas autonómicas eran de sólo dos Comunidades Autónomas de las diecisiete con las que cuenta nuestro Estado, y además, en ambas normativas autonómicas no se precisaba la naturaleza jurídica de las comunidades de energías renovables, ni de las comunidades ciudadanas de energía. Con posterioridad, se han ido aprobando otras leyes autonómicas promulgadas con el fin de fomentar la transición energética y la lucha contra el cambio climático, donde las comunidades energéticas tienen previsto jugar un rol fundamental.

Así, destacan las siguientes normas autonómicas:

- La Ley 16/2017, de 1 de agosto, del cambio climático de **Cataluña**, que recoge en su art. 19, bajo el título de " Energía", lo siguiente: "1. Las medidas que se adopten en materia de energía deben ir encaminadas a la transición energética hacia un modelo cien por cien renovable, desnuclearizado y descarbonizado, neutro en emisiones de gases de efecto invernadero, que reduzca la vulnerabilidad del sistema energético catalán y garantice el derecho al acceso a la energía como bien común, y concretamente deben ir encaminadas a:

d) La adopción de medidas de carácter normativo que favorezcan el autoconsumo energético a partir de energías renovables y la participación de actores locales en la producción y distribución de energía renovable.

e) El fomento de la generación de energía distribuida y nuevas opciones en distribución y contratación de suministros, y la implantación de redes de distribución de energía inteligentes y redes cerradas".

– La Ley 8/2018, de 8 de octubre, de medidas frente al cambio climático y para la transición hacia un nuevo modelo energético en **Andalucía**, que señala en su art. 8.2 sobre el Plan Andaluz de Acción por el Clima, que el mismo "tendrá, al menos, el siguiente contenido:

a) Análisis y diagnóstico de la situación referida al momento de la aprobación del Plan y previsiones sobre la tendencia de las emisiones de gases de efecto invernadero y de las fijaciones de carbono en Andalucía basadas en la evolución del inventario por fuentes y sumideros y en las proyecciones a medio plazo.

b) Determinaciones para la elaboración de los Escenarios Climáticos de Andalucía.

c) Determinación del alcance de los impactos del cambio climático ya identificados y de los previsibles a medio y largo plazo en el territorio andaluz, basada en el conocimiento científico existente.

d) Determinación de la información relevante en materia de cambio climático, así como su alcance, procedimientos y requisitos de calidad y almacenamiento y de las entidades públicas y privadas con obligaciones de información en materia de cambio climático.

e) Medidas para fomentar la participación ciudadana en la lucha contra el cambio climático, así como la valoración y publicidad de los resultados del proceso de participación pública en la elaboración del Plan.

f) Estrategias en materia de mitigación y de adaptación, con identificación de la distribución competencial para la lucha contra el cambio climático".

–   La Ley 10/2019, de 22 de febrero, de cambio climático y transición
    energética de las **Illes Balears,** que prevé todo un capítulo dedicado
    a Aplicaciones específicas de las energías renovables, dentro del
    cual, incluye los siguientes artículos en relación con la cuestión que
    estamos abordando:

"Artículo 51 Generación en puntos de consumo aislados

1. Las nuevas edificaciones o aquellas que tengan un cambio de
uso en suelo rústico deberán cubrir la totalidad de su consumo
eléctrico mediante generación renovable de autoconsumo siempre
que no exista previamente conexión disponible a la red eléctrica,
sin perjuicio de que se puedan instalar sistemas de apoyo o de
emergencia que utilicen combustibles fósiles.

2. Lo que se dispone en el apartado anterior no será de aplicación
a las edificaciones, construcciones e instalaciones legales vinculadas a las actividades agrarias.

3. Las administraciones públicas de las Illes Balears promoverán
la sustitución de grupos electrógenos por sistemas de generación
renovable.

Artículo 52 Autoconsumo

1. Todo el mundo tiene derecho a producir su propia electricidad
a partir de fuentes renovables y a consumirla. Las administraciones públicas fomentarán el autoconsumo de energías renovables,
eliminando las trabas existentes, incentivando su implantación y,
en los casos en que no sea posible el autoconsumo individual, promoviendo el autoconsumo compartido.

2. La implantación de paneles fotovoltaicos para la producción de
electricidad está permitida en toda cubierta, tejado y aparcamiento
en suelo urbano, sin que se puedan aplicar prohibiciones de carácter general por el entorno donde se ubican y con las condiciones
establecidas en el punto siguiente.

3. En un plazo máximo de seis meses contados desde la entrada en
vigor de este decreto ley, cada uno de los consejos insulares para
los respectivos ámbitos territoriales aprobará mediante acuerdo
plenario una guía de criterios estéticos y técnicos para la implantación de energías renovables para el autoconsumo individual y
colectivo sobre cubierta, tejado y aparcamiento en suelo urbano
en entornos que cuenten con figuras de protección patrimonial o
paisajística, en todo caso respetando las disposiciones en materia
de patrimonio histórico y paisaje. En caso de incumplimiento de
este plazo prevalecerá el derecho de acceder al autoconsumo.

4. Se crea el Registro administrativo de autoconsumo, cuya organización y funcionamiento se establecerán reglamentariamente.
5. Las instalaciones de generación para autoconsumo energético pueden ser para el uso de un solo consumidor o compartidas entre varios consumidores, de acuerdo con la normativa básica estatal aplicable".

– La Ley Foral 4/2022, de 22 de marzo, de Cambio Climático y Transición Energética de **Navarra,** que prevé todo un capítulo dedicado al Impulso de las energías renovables, dentro del cual se incluyen dos artículos de importancia, como son los siguientes:
"Artículo 26. Fomento y gestión de las energías renovables
El Gobierno de Navarra, como impulsor del cambio de modelo energético, promoverá un sistema energético democrático, social y justo, manteniendo en todo momento una gestión integral del territorio con la diversificación de las fuentes de energía renovables encaminada a las necesidades energéticas de Navarra.
El departamento con competencia en materia de energía fomentará las instalaciones eólicas, solares, geotérmicas, de gas renovable y el resto de instalaciones de tecnologías renovables, así como los sistemas de almacenamiento energético, mediante las oportunas ayudas y la aplicación de deducciones fiscales. Así mismo impulsará la simplificación administrativa para la tramitación de las instalaciones de energía renovable.
Artículo 27. Fomento de cooperativas o grupos de consumo y productores de proximidad
Las administraciones públicas de Navarra deberán facilitar las condiciones para impulsar la actividad económica en forma de cooperativas o grupos de consumo y de productores de proximidad, al objeto de potenciar una economía baja en carbono y un consumo de kilómetro cero, con especial atención en aquellas comarcas que sufran un mayor despoblamiento, a los efectos de la aplicación de los principios de cohesión social y territorial".

– La Ley 6/2022, de 27 de diciembre, de cambio climático y transición energética de **Canarias;** que incluye los siguientes preceptos en relación con las Comunidades Energéticas o sus posibles actividades:
"Artículo 41. Autoconsumo de energía eléctrica
1. Las administraciones públicas de Canarias y su sector público institucional fomentarán todas las figuras jurídicas que promue-

van el autoconsumo energético, agregadores de demanda, comunidades energéticas y comunidades de renovables, de acuerdo con
la normativa europea y española, así como los nuevos agentes que
puedan crearse en el futuro.

2. La Administración pública de la comunidad autónoma cola-
borará con los distintos agentes del sector para el desarrollo del
potencial de la producción distribuida o concentrada, almacenamiento, gestión de vehículos y distribución, generando un mercado
eléctrico competitivo.

3. Los titulares de las instalaciones de generación de todas las modalidades de autoconsumo de energía eléctrica deberán proporcionar información sobre sus instalaciones y sobre los procesos de
intercambio energético que promuevan, mediante los procesos de
digitalización que establezca la Administración.

Artículo 42 Instalaciones de distribución de energía térmica de las
administraciones públicas de Canarias

1. Las administraciones públicas canarias y su sector público institucional deberán sustituir las instalaciones actuales de distribución
de energía térmica por aquellas que utilicen fuentes de energía primaria de origen renovable o energía residual antes del 2030.

2. A partir de la entrada en vigor de esta ley, las nuevas instalaciones de distribución de energía térmica de la Administración
pública de la Comunidad Autónoma de Canarias y su sector público institucional utilizarán fuentes de energía primaria de origen
renovable o energía residual.

Artículo 43 Integración en el sistema eléctrico de las energías renovables

1. La producción de energía eléctrica mediante energías renovables
se apoyará en la instalación de sistemas y equipos de almacenamiento energético con la finalidad de proporcionar capacidad de
gestión, asegurar la calidad del suministro y minimizar el desarrollo de nueva red necesaria para su integración, en los términos
previstos en el artículo 5 de la Ley 17/2013, de 29 de octubre."

– La Ley 6/2022, de 5 de diciembre, del cambio climático y la transición ecológica de la **Comunitat Valenciana**; que incluye todo un
   capítulo, dedicado a las Aplicaciones específicas de las energías
   renovables, dentro del cual destacan los siguientes preceptos:
   "Artículo 53 Generación en puntos de consumo aislados

1. Las nuevas edificaciones que constituyan puntos de consumo aislado o aquellas que tengan un cambio de uso en suelo no urbanizable tendrán que cubrir la totalidad de su consumo eléctrico mediante generación renovable de autoconsumo siempre que no exista posibilidad de conexión a la red eléctrica, sin perjuicio de que se puedan instalar sistemas de apoyo o de emergencia que utilicen combustibles fósiles.

2. Lo dispuesto en el apartado anterior no se aplicará a las edificaciones, construcciones e instalaciones legales vinculadas a las actividades agrarias. Las administraciones públicas de la Comunitat Valenciana promoverán la sustitución de grupos electrógenos por sistemas de generación renovable.

Artículo 54 Autoconsumo

1. Las administraciones públicas fomentarán el autoconsumo de energías renovables.

2. Se crea el Registro Administrativo de Autoconsumo, cuya organización y funcionamiento se establecerá por decreto del Consell.

3. Las instalaciones de generación para autoconsumo energético podrán ser para el uso de un único consumidor o compartidas entre varios consumidores, de acuerdo con la normativa básica estatal de aplicación. En este sentido, las administraciones públicas valencianas fomentarán preferentemente las comunidades energéticas de autoconsumo de energía renovable.

Artículo 55 Aprovechamiento de los grandes aparcamientos en superficie y de cubiertas

1. Los espacios destinados en las plazas de estacionamiento de todos los nuevos aparcamientos de titularidad privada en suelo urbano situados en superficie que ocupen un área total superior a 1.000 metros cuadrados se han de cubrir con placas de generación solar fotovoltaica destinadas al autoconsumo de las instalaciones asociadas al aparcamiento.

2. En las instalaciones de titularidad privada con aparcamiento en superficie en suelo urbano que ocupe un área total de 1.500 metros cuadrados o más, y disponga de una potencia contratada de 50 kW o más, se ha de incorporar generación solar fotovoltaica para autoconsumo, bien en el espacio de aparcamiento, bien en la cubierta de las instalaciones.

3. Se debe cubrir con placas solares de generación fotovoltaica los espacios destinados a las plazas de estacionamiento de todos los aparcamientos de titularidad pública en suelo urbano situados en

superficie que ocupen un área total superior a 1.000 metros cuadrados.

4. Las administraciones públicas valencianas pueden establecer obligaciones de incorporación de generación renovable en aparcamientos situados en suelo no urbano.

5. Sin perjuicio de lo establecido en la normativa básica estatal, se debe incorporar generación solar fotovoltaica para las cubiertas de las siguientes edificaciones:

a) Edificios residenciales plurifamiliares y viviendas unifamiliares.

b) Construcciones de uso dotacional, industrial o terciario, de titularidad pública o privada, con una superficie en planta superior a 250 metros cuadrados. Esta disposición se ha de aplicar en edificaciones, edificios o viviendas unifamiliares de nueva construcción y en los que sean objeto de una reforma integral o cambio de uso. Se establece la posibilidad de instalar estos sistemas en ubicaciones alternativas como fachadas en la misma parcela. Quedan exceptuadas aquellas edificaciones, edificios o viviendas con cubierta de fibrocemento y en aquellos casos en los que las sombras proyectadas hagan inviable la instalación, lo cual se debe justificar mediante un estudio técnico.

6. De manera excepcional, el organismo competente en la autorización de la correspondiente actuación puede determinar la exención o limitación de las obligaciones establecidas en este artículo por motivos de inviabilidad técnica o de protección del paisaje o del patrimonio cultural, con el informe previo favorable del ayuntamiento correspondiente.

7. En edificaciones o cubiertas industriales con una superficie en planta inferior o igual a 1.000 metros cuadrados con techos no aptos para la implantación de instalaciones fotovoltaicas, se debe favorecer la sustitución por techos que sean aptos para estas, a través de incentivos fiscales o líneas de apoyo específicas para este tipo de reformas.

8. Para facilitar la integración de proyectos de generación renovable en entornos urbanizados y conseguir una mayor penetración de renovables en cubiertas y aparcamientos, cuando sea necesaria la conexión de las diferentes partes de un mismo proyecto para asegurar la viabilidad económica y que esta se tenga que hacer a través de suelo público, el Consell ha de facilitar las servidumbres. Por decreto del Consell se deben definir los criterios y el procedimiento.

– La Ley 13/2022, de 2 de noviembre, de creación de la Agencia **Riojana** de Transición Energética y Cambio Climático, derogada por el número 1 de la disposición derogatoria única de la Ley 13/2023, de 28 de diciembre, de Medidas Fiscales y Administrativas para el año 2024.

– Especial mención merece la Comunidad Autónoma de **Aragón**, que ha aprobado hace un año (en marzo de 2023) un Decreto Ley que contiene un capítulo específico dedicado a las Comunidades Energéticas. Se trata del Decreto-Ley 1/2023, de 20 de marzo, del Gobierno de Aragón, de medidas urgentes para el impulso de la transición energética y el consumo de cercanía en Aragón, cuyo Capítulo V (arts. 15 a 32) está dedicado a las Comunidades de Energía.

Y siguiendo esa senda abierta por la Comunidad Autónoma de Aragón, muy recientemente el País Vasco ha aprobado su **Ley 1/2024, de 8 de febrero, de Transición Energética y Cambio Climático del País Vasco**, que incluye una previsión específica relativa a las Comunidades Energéticas en el punto 2 de su artículo 27.

En concreto, señala ese art. 27 lo siguiente: *Promoción de la participación local en proyectos de energías renovables:*

1.– Las administraciones públicas vascas deberán promover y facilitar el desarrollo de proyectos de energías renovables, fomentando con ello la participación ciudadana en ese tipo de actividades. Se dará un tratamiento especial a aquellas zonas geográficas con menor nivel de desarrollo económico o reducción de población, a fin de cohesionar Euskadi tanto a nivel territorial como social.

2.– De acuerdo con el apartado anterior, se fomentará especialmente la participación ciudadana local en proyectos que se promuevan desde las comunidades ciudadanas de energía, las comunidades de energías renovables u otros esquemas participativos, tal y como se recojan en el ordenamiento jurídico.

3.– A partir de la entrada en vigor de la presente ley, y para aquellos proyectos de energía renovables que no sean promovidos por comunidades energéticas y no hayan iniciado el procedimiento para la obtención de la autorización administrativa que habilite para su desarrollo, independientemente de por quién hayan sido promovidos, se deberá ofrecer, como mínimo, un 20 % de la potencia total del proyecto a la ciudadanía y a las industrias y comercios, prioritariamente en el municipio donde se ubique la planta de aprovechamiento renovable o en los municipios limítrofes o comarca a la que pertenezcan.

La reserva establecida en el párrafo anterior se aplicará exclusivamente a los proyectos de energía solar fotovoltaica y energía eólica que de manera individual o conjunta tengan una potencia total por emplazamiento superior a los 5 MW.

El sistema de acreditación de la oferta se desarrollará reglamentariamente en el plazo máximo de un año a partir de la entrada en vigor de la presente ley".

Por último, en cuanto a la **Ley nacional de medidas frente al Cambio Climático** (Ley 7/2021, de 20 de mayo, de cambio climático y transición energética), ésta no incluye la misma ninguna mención a las Comunidades de Energía, por lo que sería muy conveniente que se procediese a su reforma, mediante la inclusión de un capítulo específico dedicado a las mismas, en sentido similar a como se ha hecho por parte de las Comunidades Autónomas de Aragón y del País Vasco.

2. DELIMITACIÓN CONCEPTUAL. CONCEPTO Y TIPOLOGÍA DE LAS COMUNIDADES ENERGÉTICAS EN ESPAÑA: DIFERENCIAS ENTRE CONCEPTO, ACTIVIDADES (FUNCIONES) Y FIGURAS JURÍDICAS

Cuando hablamos tanto de Comunidades Ciudadanas de Energía como de Comunidades de Energías Renovables, e incluso de Comunidades Locales de Energía, estamos haciendo uso de conceptos relativamente recientes, dado que antes del denominado como Paquete de Invierno de la UE, no figuraban en las entonces vigentes Directivas comunitarias en la materia.

Así, y tal y como ha señalado la profesora GONZÁLEZ RÍOS[25], estos conceptos fueron evolucionando desde las propuestas de Directivas hasta su plasmación en las vigentes Directivas[26], esto es, la Directiva 2018/2001 del Parlamento Europeo y del Consejo, de 11 de diciembre de 2018, relativa al fomento del uso de energía procedente de fuentes renovables y en la Directiva 2019/944 del Parlamento Europeo y del Consejo de 5 de junio de 2019 sobre normas comunes para el mercado interior de la electricidad.

En la actualidad las Comunidades Locales de Energía (CEL) agrupan dos modelos de Comunidades, la Comunidad de Energías Renovables (CER) y la Comunidad Ciudadana de Energía (CCE) con algunos elementos comunes y algunas diferencias, incluso algunas funciones distintas. De hecho, y tal y como ha señalado GALLEGO CÓRCOLES, "uno de los principales retos que plantea la transposición de las disposiciones del cuarto paquete de la energía es incorporar adecuadamente el régimen jurídico de las comunidades de energía. Las Directivas instauran un complejo marco conceptual, ya que se establecen dos tipos de comunidades en cuya

---

[25] *Vid.*, GONZÁLEZ RÍOS, I., "Las Comunidades Energéticas Locales: un nuevo desafío para las entidades locales", *Revista Vasca de Administración Pública*, p. 151.

[26] Directiva (UE) 2018/2001 del Parlamento Europeo y del Consejo, de 11 de diciembre de 2018, relativa al fomento del uso de energía procedente de fuentes renovables (versión refundida) [DOUE L 328, núm. 61, de 21 de diciembre de 2018] y Directiva (UE) 2019/944 del Parlamento Europeo y del Consejo de 5 de junio de 2019 sobre normas comunes para el mercado interior de la electricidad y por la que se modifica la Directiva 2012/27/UE (versión refundida) [L 158, núm. 125, de 14 de junio de 2019].

definición y régimen jurídico sólo en determinadas ocasiones existen elementos de yuxtaposición"[27].

Como ya hemos comentado con anterioridad en algunas otras publicaciones[28], ambas figuras, la de Comunidades de Energías Renovables y la de Comunidades Ciudadanas de Energía tienen como finalidad principal la participación de los ciudadanos y autoridades locales en los proyectos de energías renovables, lo que se espera que permita una mayor aceptación local de estas energías y que sea clave para la transición energética hacia una economía basada en las energías renovables, dando un papel proactivo a la ciudadanía, en un contexto de reactivación económica, generando dichos proyectos actividad económica y empleo, tanto de forma directa, como por el efecto tractor sobre la cadena de valor local y el ahorro energético.

Con ello se contribuye a la dinamización económica tanto de los municipios poco poblados para los que pueden suponer una palanca de generación de empleo, atracción de actividad económica y fijación de población, como una oportunidad también para el desarrollo económico del resto de municipios cercanos, contribuyendo a la transición energética hacia una economía basada en energías renovables. Se trata, por tanto, de situar a las ciudadanas y los ciudadanos como agentes decisivos del cambio, llamados a realizar un papel fundamental en la transición energética y el proceso de descarbonización de nuestro sistema energético, sin olvidar tampoco el papel que las autoridades locales están llamadas a cumplir en los proyectos de energías renovables, logrando así una mayor aceptación local de estas energías.

En nuestra opinión, y de acuerdo con la mayoría de los autores que han estudiado la materia[29], las Comunidades de Energías Renovables de-

---

[27]   *Vid.,* GALLEGO CÓRCOLES, I., *Comunidades de energía y transición energética,* Thomson Reuters Aranzadi, 2022, punto 1 de su Capítulo IV.

[28]   Nos referimos a los dos trabajos que con carácter previo hemos publicado sobre la materia, uno en solitario, denominado "La necesaria regulación interna y completa de las comunidades energéticas en España", *Revista de Derecho Urbanístico y Medio Ambiente,* Nº 360, 2023, pp. 69-116, y otro junto con Joan Herrera, en el ejemplar del Anuario del Gobierno Local dedicado a los Gobiernos Locales ante el cambio climático, al cual nos remitimos in extenso. *Vid.,* HERRERA, J., Y NAVARRO RODRÍGUEZ, P., "Las comunidades energéticas como nuevo sujeto del Derecho Energético en España; del falanasterio a la transformación", *Anuario del Gobierno Local* Nº. 1, 2021 (Ejemplar dedicado a: Los Gobiernos locales ante el cambio climático), pp. 203-248.

[29]   Entre ellos, podemos destacar a GALLEGO CÓRCOLES, I., *Comunidades de energía y transición energética,* Thomson Reuters Aranzadi, 2022, pp. 47 a

berían tener un mayor desarrollo en la conocida como España vaciada o de ámbito rural[30] y en la generación, mientras que las Comunidades Ciudadanas de Energía estarían llamadas a cumplir con un papel más importante en la realidad urbana, con funciones más relevantes en gestión de la demanda, autoconsumo[31], flexibilidad y agregación e incluso sistemas urbanos de calefacción y refrigeración (de hecho, la disposición adicional segunda del Proyecto de Real Decreto por el que se desarrollan las figuras de las Comunidades de Energías Renovables y las Comunidades Ciudadanas de Energía, transpone algunas de las disposiciones relativas a sistemas urbanos de calefacción y refrigeración a partir de fuentes de energías renovables de la Directiva 2018/2001 del Parlamento Europeo y del Consejo, de 11 de diciembre de 2018, con el fin de promocionar su desarrollo, alentando a las administraciones regionales y locales a tenerlas en cuenta en su planificación).

En todo caso, hay que tener muy en cuenta que el concepto "comunidades energéticas" es un concepto amplio en el que se engloban varios tipos concretos de comunidades energéticas, algunos de los cuales son figuras jurídicas y otras no, en sentido estricto.

Si partimos de la diferenciación entre término y concepto, y la aplicamos al caso que nos ocupa en el presente libro, podemos afirmar que todas las figuras jurídicas son conceptos, pero no todos los conceptos existentes en el ordenamiento se pueden calificar como figura jurídica.

Así, como se defiende por ejemplo en la Guía para el impulso de Comunidades Energéticas con perspectiva municipal, de la Diputación de Barcelona, *"el uso del macro concepto comunidades energéticas, con minúscula, debe poder ser libre. Del mismo modo, el uso no puede ser limitado, sin perjuicio del reparto competencial aplicable, a una sola administración, bien sea el estatal, autonómica o local. Las comunidades que no puedan encajar en ninguna figura jurídica concreta, ya sea por falta de desarrollo normativo de las existentes o por otros motivos, deben tener la libertad y legitimidad de autodenominarse, a efectos divulgativos, políti-*

---

61 y MENÉNDEZ SÁNCHEZ, J., y FERNÁNDEZ GÓMEZ, J., *Comunidades Energéticas: casos de estudio*, Orkestra-Instituto Vasco Competitividad, 2022.

[30]   En este sentido del trascendente papel que pueden desplegar las Comunidades de Energías Renovables en el desarrollo rural, se ha expresado ALENZA GARCÍA, J. F., en su obra *La regulación de las energías renovables ante el cambio climático*, Thomson-Reuters, Aranzadi, Cizur Menor, 2014, p. 682.

[31]   Para ahondar más en las actividades de autoconsumo mediante instalaciones de energía fotovoltaica, *vid.*, RUIZ OLMO, I. *La regulación de las energías renovables: la electricidad fotovoltaica*. Editorial Tecnos, 2021.

cos, comunicativos, etc., comunidad energética. No debemos olvidar que en este ámbito la normativa, como así lo explicitan las propias Directivas, busca dar cobertura y apoyo a iniciativas ciudadanas preexistentes. Sería contrario al espíritu de las Directivas y al de la transición energética en sí, que sólo pudieran existir en la realidad política y social de nuestros pueblos y ciudades, las comunidades energéticas oficialmente previstas en la normativa"[32].

En todo caso, y más allá de la denominación concreta que se les dé en cada caso o del vehículo jurídico que se utilice para su implementación, de lo que no cabe duda es de que las tres **diferencias fundamentales entre las Comunidades Energéticas y otros actores** o figuras del sector energético, son los tres elementos siguientes:

1. **El propósito o finalidad:** en el caso de las Comunidades de Energías Renovables, los ingresos y beneficios de estas actividades se destinan principalmente a proporcionar servicios y beneficios medioambientales o socio-económicos a los integrantes de la comunidad local o al área local. Ahora bien, ello no impide que también puedan tener o implicar "beneficios económicos" a sus miembros, pero esa no debe ser su finalidad principal. De hecho, a efectos fiscales, así lo tendrán en cuenta en Hacienda, especialmente tras la importante Sentencia del TSJUE de 20 de julio de 2020, cuando se resuelve que la actividad ejercida por un señor austriaco que instaló placas fotovoltaicas en su vivienda y solicitó para ello una ayuda del Estado, tenía derecho a que se le devolviese el IVA por dicho concepto, al considerarse por el Tribunal Europeo como una "actividad económica".

2. **La propiedad y control:** en las Comunidades de Energías Renovables los integrantes del proyecto (ciudadanos, empresas micro/pequeñas/medianas o autoridades locales) participan y ejercen el control estratégico y de dirección de la comunidad energética.

3. **La Gobernanza,** ya que en las Comunidades de Energías Renovables la toma de decisiones internas está basada criterios de gobernanza democrática, asegurando que la "autonomía" de la comunidad en cuestión se mantenga. Además de ello, hay que tener en cuenta que las comunidades energéticas se prestan a colaboraciones público-privada-ciudadanas, modelo de gobernanza aún poco

---

[32] VV.AA., *Guía para el impulso de Comunidades Energéticas con perspectiva municipal*, Diputación de Barcelona, febrero de 2021.

desarrollado en España, pero que está llamado a experimentar un gran avance.

En resumen, las principales diferencias entre las Comunidades de Energías Renovables y las Comunidades Ciudadanas de Energía radican en que la electricidad generada por las comunidades ciudadanas de energía no tiene que ser procedente de energías renovables; su proyección territorial es más amplia al no requerirse una proximidad a los proyectos; ni tampoco la autonomía que se exige a las Comunidades de Energías Renovables, de modo que las Comunidades Ciudadanas de Energía sí pueden ser controladas o estar participadas por un ente local, mientras que las Comunidades de Energías Renovables, en principio, no.

Por tanto, como recapitulación, podríamos destacar las tres ideas siguientes:

✓ El concepto de Comunidad Energética no es unívoco ni unificado, sino amplio, ya que existen varios tipos de comunidades energéticas que reciben nombres diferentes, algunos de los cuales son también figuras jurídicas.

✓ La utilidad principal de encajar dentro de una determinada figura jurídica concreta es la de acceder al régimen jurídico previsto para ésta, incluidas medidas de fomento para su implementación y desarrollo.

✓ No es necesario encajar dentro de una determinada figura jurídica para poder utilizar el concepto comunidad energética, que tiene un gran valor como herramienta comunicativa para avanzar en la transición energética desde una perspectiva local

Veamos, a continuación, el concepto concreto de Comunidades de Energías Renovables (CER) y de Comunidades Ciudadanas de Energía (CCE), así como de otras figuras afines y similares, pero diferentes.

2.1. *Concepto de Comunidad de Energías Renovables (CER)*

Como ya hemos señalado con anterioridad, es la Directiva (UE) 2018/2001 del Parlamento Europeo y del Consejo, de 11 de diciembre de 2018, relativa al fomento del uso de energía procedente de fuentes renovables (en adelante, "Directiva 2018/2001"), la que introduce en el acervo comunitario la figura de las Comunidades de Energías Renovables (CER).

Como los apartados más relevantes de dicha regulación, podemos destacar los siguientes:

A) En el Considerando 67[33], se apunta que la posibilidad de realizar autoconsumo compartido ofrece también oportunidades a las
comunidades de energías renovables para impulsar la eficiencia
energética en los hogares y ayuda a combatir la pobreza energética
existente mediante la reducción del consumo y la reducción nos los
precios de suministro.

B) El Considerando 70[34] explicita que la participación de los ciudadanos y autoridades locales en los proyectos de energías renovables mediante las comunidades de energías renovables genera un
valor añadido significativo en la aceptación local de las energías
renovables y el acceso a capital privado adicional, ya que puede
derivar en inversiones locales, una mayor elección para los consumidores y una participación mayor de los ciudadanos en la transición energética.

C) El Considerando 71[35] determina que, para evitar abusos y garantizar una amplia participación, las comunidades de energías
renovables deben poder conservar su autonomía respecto de los

---

[33]   *"La posibilidad de participación de los autoconsumidores de energías renovables que actúan de manera conjunta, ofrece también oportunidades en las
comunidades de energías renovables para impulsar la eficiencia energética en
los hogares y ayuda a combatir la pobreza energética mediante la reducción
del consumo y unos precios de suministro inferiores".*

[34]   *"La participación de los ciudadanos y autoridades locales en los proyectos de
energías renovables mediante comunidades de energías renovables ha generado un valor añadido significativo por lo que respecta a la aceptación local
de las energías renovables y el acceso a capital privado adicional, el que se ha
traducido en inversiones locales, una mayor elección por los a los consumidores y una mayor participación de los ciudadanos en la transición energética.
Esta participación local es todavía más importante en el contexto de una
mayor capacidad de energía renovable. Las medidas porque las comunidades
de energías renovables puedan competir en igualdad de condiciones con otros
productores también tienen como objetivo incrementar la participación locales de los ciudadanos en los proyectos de energías renovables y, por lo tanto,
incrementar su aceptación".*

[35]   *"Las características particulares de las comunidades locales de energías renovables en relación a su dimensión, estructura de propiedad y el número de
proyectos pueden obstaculizar su competitividad en igualdad de condiciones
enfrente a actores a gran escala (…). En consecuencia, los Estados miembros
tienen que tener la posibilidad de escoger cualquier forma de entidad por las
comunidades de energías renovables, siempre y cuánto esta entidad pueda
ejercer derechos y estar sujeta a obligaciones actuando en nombre propio
(…). La participación en proyectos de energías renovables tiene que estar
abierta a todos los potenciales miembros locales, atendiendo a criterios objetivos, transparentes y no discriminatorios".*

miembros individuales y otros actores habituales en el mercado que participan en la comunidad como miembros o socios, o mediante la inversión. La participación en proyectos renovables debe estar abierta a todos los potenciales miembros locales, atendiendo a criterios objetivos, transparentes y no discriminatorios. En este sentido, las comunidades de energías renovables deben poder compartir entre sí la energía producida por las instalaciones propiedad de la comunidad. No obstante, los miembros de una comunidad no deben quedar exentos de los costes, cargos, gravámenes e impuestos que les corresponden y que asumirían en su caso los consumidores finales que no forman parte de una comunidad.

D) En el apartado 16 del artículo 2, relativo a las definiciones, se establece que una comunidad de energías renovables es una entidad jurídica que:

a) *de conformidad con el Derecho nacional aplicable, se base en la participación abierta y voluntaria, sea autónoma y esté efectivamente controlada por los socios o miembros que están situados en las proximidades de los proyectos de energías renovables que sean propiedad de dicha entidad jurídica y que ésta haya desarrollado;*

b) *los socios o miembros de la que sean personas físicas, pymes o autoridades locales, incluidos los municipios;*

c) *la finalidad primordial sea proporcionar beneficios medioambientales, económicos y sociales a sus socios o miembros en las zonas locales donde opere, en lugar de ganancias financieras.*

E) Y por último, en el artículo 22 se establece que los Estados miembros garantizarán que los consumidores finales, en particular los domésticos, tengan derecho a participar en una comunidad de energías renovables a la vez que mantienen sus derechos y obligaciones como consumidores finales. Añade sin que, en el caso de las empresas privadas, la participación no puede constituir su actividad principal comercial o profesional. Entre otros, se reconoce el derecho a las comunidades de energías renovables para:

a) *producir, consumir, almacenar y vender energías renovables, en particular mediante contratos de compraventa de electricidad renovable;*

b) *compartir, en el seno de la comunidad de energías renovables, la energía renovable que produzcan las unidades de producción propiedad de la propia comunidad, (...) con la reserva de*

mantener los derechos y obligaciones de los miembros de la comunidad de energías renovables en tanto que consumidores;
c) acceder a todos los mercados de la energía adecuados tanto directamente como mediante la agregación de manera no discriminatoria.

Esta figura de las Comunidades de Energías Renovables introducida por la Directiva 2018/2001 ha sido parcialmente transpuesta al ordenamiento jurídico español mediante el Real Decreto-ley 23/2020, de 23 de junio, por lo que se aprueban medidas en materia de energía y en otros ámbitos para la reactivación económica (en adelante, también, el "RDL 23/2020"), que en este aspecto modifica la Ley 24/2013, de 26 de diciembre, del Sector Eléctrico (en adelante, también, la "LSE") para introducir como nuevo sujeto del sector eléctrico, de entre los previstos en el artículo 6, a las Comunidades de Energías Renovables. Y lo hace definiéndolas en el art. 6.1.j), como:

> *"Entidades jurídicas basadas en la participación abierta y voluntaria, autónomas y efectivamente controladas por socios o miembros que están situados en las proximidades de los proyectos de energías renovables que sean propiedad de las entidades jurídicas y que éstas hayan desarrollado, los miembros o socios de las sean personas físicas, pymes o autoridades locales, incluidos los municipios, y la finalidad primordial sea proporcionar beneficios medioambientales, económicos o sociales a sus socios o miembros o en las zonas locales donde operan, en lugar de ganancias financieras ".*

Como se puede apreciar, la definición que hace el RDL 23/2020 de las Comunidades de Energías Renovables es exactamente igual que la que introducía la Directiva 2018/2001.

Pero más allá de que reproduzca de forma textual su concepto, lo realmente importante es que la LSE, norma de mayor rango del sector eléctrico, reconozca a las Comunidades de Energías Renovables como sujetos oficiales del sector eléctrico, les da una entidad propia que será relevante para desarrollos reglamentarios presentes y futuros.

Siendo esto importante, no es menos cierto que cuando se realizó esta modificación normativa, se desaprovechó una gran oportunidad para haber aprobado un desarrollo normativo completo y en su máxima dimensión de las posibilidades de esta figura en nuestro Derecho interno, que esperemos que se realice pronto, preferentemente vía Real Decreto, en el sentido en que expondremos más adelante.

2.2. Concepto de Comunidad Ciudadana de Energía (CCE)

Aparte de las Comunidades de Energías Renovables o CER, otra de las figuras que también contempla el acervo jurídico energético de la Unión Europea es la de las **Comunidades Ciudadanas de Energía (CCE)**.

Esta figura se encuentra regulada en la Directiva (UE) 2019/944 del Parlamento Europeo y del Consejo, de 5 de junio de 2019, sobre normas comunes para el mercado interior de la electricidad (en adelante, también, la "Directiva 2019/944"), que la define en su apartado 11 del artículo 2, relativo a las definiciones, donde establece que una Comunidad Ciudadana de Energía es una entidad jurídica que:

"a) Se basa en la participación voluntaria y abierta, el control efectivo de la que la ejercen socios o miembros que sean personas físicas, autoridades locales, incluidos los municipios, o pequeñas empresas,
b) El objetivo principal consiste en ofrecer beneficios medioambientales, económicos o sociales a sus miembros o socios o en la localidad en la que desarrolla su actividad, más que generar una rentabilidad financiera;
c) participa en la generación, incluida la proveniente de fuentes renovables, la distribución, el suministro, el consumo, la agregación, el almacenamiento de energía, la prestación de servicios de eficiencia energética o la prestación de servicios de recarga para vehículos eléctricos o de otros servicios energéticos a sus miembros o socios.

De forma similar a como se ha hecho con la figura de las Comunidades de Energías Renovables, pero dos años después, esta figura se ha transpuesto de forma parcial mediante la aprobación del Real Decreto-ley 5/2023, de 28 de junio, por el que se incorpora al ordenamiento jurídico español, en concreto, a la Ley 24/2013, del Sector Eléctrico, la definición de las comunidades ciudadanas de energía, así como algunos principios reguladores de las comunidades energéticas y los derechos y obligaciones de sus miembros que venían recogidos en la redacción del proyecto de real decreto que ha quedado en stand by hasta la fecha de cierre de estas líneas.

Más en concreto, las Comunidades Ciudadanas de Energía quedan definidas en el nuevo artículo 6.1.k de la LSE, que señala que las CCE son:

"(...) entidades jurídicas basadas en la participación voluntaria y abierta, cuyo control efectivo lo ejercen socios o miembros que sean personas físicas, autoridades locales, incluidos los municipios, o pequeñas empresas, y cuyo objetivo principal consiste en ofrecer beneficios medioambientales, económicos o sociales a sus miembros, socios o a la localidad en la que desarrolla su actividad, más que generar una rentabilidad financiera."

Como puede apreciarse fácilmente, las Comunidades Ciudadanas de Energía, aunque no limitadas a las energías de carácter renovable, son similares en el fondo a las Comunidades de Energías Renovables, tanto en su funcionamiento y organización (de participación voluntaria y abierta), como en cuanto a las personas que tienen la posibilidad de participar en las mismas (personas físicas, autoridades locales, incluidos los municipios, y pymes).

Pero tienen importantes diferencias. Para empezar, y tal y como ha señalado la profesora GONZÁLEZ RÍOS, *"la Comunidad ciudadana de energía es pues una expresión más amplia que la de Comunidad de energías renovables, a la que engloba"*[36].

Y ahondando más en ello, podríamos señalar cinco **elementos diferenciadores entre ambas figuras** (Comunidades de Energías Renovables y Comunidades Ciudadanas de Energía), que son los siguientes[37]:

1) Diferencias desde el punto de vista geográfico, por el criterio de proximidad:

Las Comunidades de Energías Renovables requieren una proximidad entre las personas socias de la comunidad energéticas y los proyectos de energías renovables, pero en el caso de las Comunidades Ciudadanas de Energía se abre la puerta a que haya una distancia indeterminada entre ambos. Este es el caso, por ejemplo, de cooperativas energéticas que han invertido en proyectos renovables a una escala más allá del municipio; por ejemplo, a nivel comarcal, regional o nacional.

Así, las Comunidades Ciudadanas de Energía no tienen por qué ser, a diferencia de las Comunidades de Energías Renovables, locales. Esto queda reflejado en la misma Directiva 2019/944, no sólo por la omisión de palabra "local" en la definición, sino también atendiendo al contenido de los considerandos señalados con anterioridad.

Dicho de otra forma, a diferencia de las Comunidades de Energías Renovables, el marco normativo de las Comunidades Ciudadanas de Energía va más allá. El artículo 16 de la citada Directiva establece que los Estados miembros ofrecerán un marco jurídico que garantice que *"el gestor de la red de distribución correspondiente coopere, a cambio de una compensación justa evaluada por la autoridad reguladora, con las comunidades ciudadanas de energía para facilitar transferencias de electricidad entre estas"*; garantizando por lo tanto la cooperación de la distribuidora en

---

[36]   *Vid.*, GONZÁLEZ RÍOS, I., "Las Comunidades Energéticas Locales (…)", ob., cit., p. 154.

[37]   Siguiendo lo señalado por MENÉNDEZ SÁNCHEZ, J., y FERNÁNDEZ GÓMEZ, J., *Comunidades Energéticas: casos de estudio*, Orkestra-Instituto Vasco Competitividad, 2022, p. 21.

todo aquello que se pueda alcanzar. También se abre la posibilidad que las Comunidades Energéticas Locales *"tengan derecho a poseer, establecer, adquirir o alquilar redes de distribución y gestionarles autónomamente según las condiciones establecidas..."*. Se garantiza que estas *"puedan acceder a todos los mercados organizados o mediante agregación de forma no discriminatoria"* (art. 3.b) y *"respecto al consumo de electricidad autogenerada, serán tratados como clientes"* (art. 3.c). Por tanto, en las Comunidades Ciudadanas de Energía, no hay limitación por razón de proximidad.

2) Diferencias desde el punto de vista de su actividad o del modelo energético:

Por un lado, una particularidad evidente de las Comunidades de Energías Renovables es que están centradas únicamente en fuentes de energías renovables, mientras que las Comunidades Ciudadanas de Energía podrían incluir otro tipo de energías, incluyendo instalaciones de gas natural o, incluso, generadores con diesel. Por otro lado, las Comunidades de Energías Renovables son menos restrictivas que las Comunidades Ciudadanas de Energía, ya que pueden incorporar diferentes vectores energéticos (electricidad, calor y frío), mientras que las Comunidades Ciudadanas de Energía se centran en la electrificación del consumo.

3) Diferencias desde el punto de vista de la base social y el control de la entidad:

Tal y como destaca la profesora GALLEGO CÓRCOLES, mientras que los únicos miembros o socios de las Comunidades de Energías Renovables son personas físicas, autoridades locales (incluidos los municipios) o PYMES, las Comunidades Ciudadanas de Energía están abiertas a otros miembros, aunque el control efectivo de la entidad debe pertenecer a personas físicas, autoridades locales o pequeñas empresas. Así, Mientras que las Comunidades de Energías Renovables pueden ser controladas por pequeñas y medianas empresas, en las Comunidades Ciudadanas de Energía el control solo puede recaer en pequeñas empresas, pero no hay inconveniente en que participen en las mismas las grandes empresas, lo cual no deja de ser una incoherencia en sí misma[38].

Además de ello, las Comunidades de Energías Renovables deben ser autónomas respecto de sus miembros, mientras que en las Comunidades Ciudadanas de Energía no rige el principio de autonomía, por lo que uno

---

[38]   GALLEGO CÓRCOLES, I., *Comunidades de energía y transición energética*, Thomson Reuters Aranzadi, 2022, p. 150.

de sus miembros podría ostentar de forma exclusiva el control efectivo de la entidad. Y esto es muy relevante a la hora de fijar la posibilidad de la participación pública en este tipo de entidades, ya que solo en el caso de las Comunidades Ciudadanas de Energía el control de la entidad podría estar en manos de una misma entidad pública. Y por último en cuanto al control de las instalaciones donde se desarrolla la actividad, en el caso de las CER, la misma debe poseer al menos parte de las instalaciones donde se ejerza la actividad, mientras que en el caso de las CCE no se exige tener participación en las instalaciones de generación.

4) Diferencias desde el punto de vista de la cadena de valor del sistema eléctrico:

La definición de las Comunidades Ciudadanas de Energía hace un énfasis particular en la posibilidad de realizar actividades o proveer servicios a lo largo de la cadena de valor del sistema eléctrico (si bien esto no excluye necesariamente a las Comunidades de Energías Renovables). Este hecho implica que las comunidades energéticas van más allá de la generación eléctrica y de la búsqueda de beneficios pasivos en el consumo, pudiendo ser también sujetos activos con diferente alcance y objetivos. Además, las CCE admiten la participación de otros agentes de mayor tamaño del sistema energético, siempre y cuando se preserve el control efectivo de la comunidad energética por parte de las personas socias.

5) Diferencias desde el punto de vista del desarrollo normativo a nivel interno:

Otro elemento clave es el hecho de que, en un principio, y a diferencia de las Comunidades de Energías Renovables, la figura de las Comunidades Ciudadanas de Energía no había sido transpuesta como sujeto del sector eléctrico en el art. 6 de la LSE, mediante el RDL 23/2020. Pero consciente de ello, el Gobierno de España publicó el Real Decreto-ley 5/2023, de 28 de junio, por el que se incorporan al ordenamiento jurídico español (en concreto, a la Ley 24/2013, del Sector Eléctrico) algunos de los principios reguladores de las comunidades energéticas. En concreto, regula de forma específica los derechos y obligaciones de las comunidades de energías renovables y la definición de las comunidades ciudadanas de energía, que venían recogidos en la redacción del proyecto de real decreto que ha quedado en stand by hasta la fecha de cierre de estas líneas.

En todo caso, ambas figuras (las Comunidades Ciudadanas de Energía, al igual que las Comunidades de Energías Renovables), ya han sido objeto de la consulta pública previa organizada por el IDAE y el Ministerio de Transición Ecológica y Reto Demográfico (MITECO) entre el 17 de noviembre y el 12 de febrero de de 2020, en concreto la "Consulta Pública Previa Comunidades Energéticas Locales" (noviembre-diciembre de 2020), y la "Expresión de Interés Comunidades Energéticas Locales" (enero-febrero de 2021), son iniciativas públicas ligadas al Plan de Recuperación, Transformación y Resiliencia, impulsado por el Gobierno de España como respuesta a la crisis sanitaria de la pandemia de covid-19 y como marco de referencia para los instrumentos europeos de financiación NextGenerationEU, específicamente dedicadas al desarrollo de las Comunidades Energéticas Locales, ambas con el objetivo de recoger las aportaciones que pudieran ser tenidas en cuenta en la elaboración del marco jurídico correspondiente[39].

Pero a pesar de que la Consulta acierta al señalar cuáles son los elementos clave que deben abordarse en la transposición de las Comunidades de Energía al Derecho Español y que esto se produjo hace ya cuatro años (a la fecha de cierre de estas líneas), aún no se ha producido la tan ansiada regulación normativa completa de estas dos figuras en nuestro ordenamiento jurídico interno.

2.3. Concepto de Comunidad Local de Energía. El papel de lo local. La importancia de los Entes Locales

Como ya hemos adelantado, la figura de las Comunidades Locales de Energía aparece por primera vez en la Propuesta de Directiva Europea COM (2016) 864, sobre normas comunes para el mercado interior de la electricidad.

En esta propuesta, se definía a las comunidades locales de energía (CLE) o Comunidades Energéticas Locales (CEL) como: *"Una asociación, cooperativa, sociedad, organización sin ánimo de lucro u otra entidad jurídica que esté realmente controlada por accionistas o miembros locales, generalmente orientada al valor más que a la rentabilidad, dedicada a la generación distribuida[40] y a la realización de actividades de un gestor*

---

[39] Más de 50 ayuntamientos respondieron a la consulta pública plateada en diciembre de 2020 por Ministerio de Transición Ecológica y Reto Democrático, enviando unas alegaciones que en parte han sido tenidas en cuenta por el mismo, pero no en su integridad.

[40] El concepto de generación distribuida se incluye dentro de un concepto más amplio que se denomina "recursos energéticos distribuidos (DER)" que, además de la propia generación distribuida, incluiría otros recursos como el almacenamiento de la energía y los mecanismos de gestión activa de la demanda.

de red de distribución, suministrador o agregador a nivel local, incluso a escala transfronteriza".

Esta figura queda posteriormente desplazada con la aprobación final de la Directiva 2019/944, sobre normas comunes para el mercado interior de la electricidad, que tal y como se ha dicho, contempla la figura de las comunidades ciudadanas de energía.

En consecuencia, el concepto de Comunidad Local de Energía no acaba convirtiéndose en una figura jurídica reglada como tal en una norma vigente. Sin embargo, sí se incluyó este término en el Plan Nacional Integrado de Energía y Clima (PNIEC)[41] y en marzo de 2019, el Instituto para la Diversificación y Ahorro de la Energía (IDAE) promovió una *"Guía para el desarrollo de Instrumentos de fomento de comunidades energéticas locales"*[42], en la que se hace referencia a este tipo de comunidades energéticas.

También hacen mención el IDAE y el Ministerio para la Transición Energética y el Reto Demográfico (MITECO) en la consulta pública sobre comunidades energéticas locales[43], a la que hemos hecho referencia con anterioridad. En dicho documento de la consulta pública se dice que las comunidades energéticas locales engloban las dos figuras recogidas en las Directivas europeas: las comunidades de energías renovables y las comunidades ciudadanas de energía.

Lo anterior abonaría aún más la tesis defendida por la profesora GONZÁLEZ RÍOS de que este término englobaría a los dos anteriores (Comunidades de Energías Renovables y Comunidades Ciudadanas de Energía).

Y ello frente a la opinión de otros autores, que defienden que *"la figura de las comunidades locales de energía ha quedado superada en este caso por las de las Comunidades de Energías Renovables y Comunidades Ciudadanas de Energía, tal y como demuestra el contenido finalmente aprobado de las Directivas 2019/944 y 2018/2001. Es por ello que desde el punto de vista del equipo redactor es recomendable que como concepto paraguas se utilice comunidades energéticas, sin el adjetivo local, ya que como se explica en detalle en el apartado de las Comunidades Ciudadanas de Energía, éstas, a diferencia de las Comunidades de Energías Renova-*

---

[41]   Plan Nacional Integrado de Energía y Clima (PNIEC).
[42]   *Vid*. IDAE, Guía para el desarrollo de Instrumentos de fomento de comunidades energéticas locales, VVAA., marzo de 2019.
[43]   https://energia.gob.es/es-es/Participacion/Paginas/DetalleParticipacionPublica.aspx?k=358.

bles, no tienen por qué ser locales, pero no por ello deben ser discriminadas y quedar fuera del concepto paraguas"[44].

Sea como sea, de lo que no cabe duda es de que las comunidades energéticas locales, bien sea en forma de Comunidades de Energías Renovables o de Comunidades Ciudadanas de Energía, presentan diferencias significativas con los actores tradicionales del mercado eléctrico. En primer lugar, porque los ingresos que se obtengan con las mismas deben destinarse a generar beneficios ambientales y socioeconómicos por la propia comunidad local y sus socios y, en segundo lugar, porque son los propios ciudadanos y autoridades locales (que representan el interés general), quienes deben ostentar el control de la comunidad, de forma que garanticen su autonomía y promuevan una transición hacia una democratización energética a nivel local. Así pues, una comunidad energética local tiene que permitir desplegar un amplio abanico de acciones referentes a las energías renovables en el ámbito municipal, además de poder incidir de forma directa en el mercado eléctrico.

En ambos casos, parece claro que su irrupción en el Mercado Energético español abre un nuevo escenario, ya no sólo para el marco de transición energética y cambio en el mix eléctrico, sino que emergen como instrumentos fundamentales para protagonizar el cambio del modelo eléctrico, pudiendo ser unos actores centrales en esa nueva transición hacia un modelo energético completamente descarbonizado.

En el caso de las Comunidades de Energías Renovables, se da un instrumento para la participación de los ciudadanos, entes locales y pequeñas y medianas empresas, en los proyectos de energías renovables, que puede generar un valor añadido significativo en lo que se refiere a la aceptación local de las energías renovables y al acceso a capital privado adicional. Esto puede traducirse en un aumento claro de las inversiones locales, una mayor libertad de elección para los consumidores y una participación mayor de los ciudadanos en la transición energética. Además de ello, la ciudadanía puede, tanto estimular la adopción de políticas y potenciar una mayor responsabilidad social y ambiental de las empresas, como participar del empleo generado.

Y en el caso se las Comunidades Ciudadanas de Energía, se abre la puerta también a una mayor aproximación de la ciudadanía y de las empresas a nuevos servicios energéticos, empezando por el autoconsumo, pero desarrollando nuevas líneas en mercados de agregación, flexibilidad y gestión de la demanda.

---

[44]   Guía para el impulso de Comunidades Energéticas (…), ob., cit., p. 13.

Como señala con gran acierto GALERA RODRIGO, *"Quizás sea entonces el momento de enfrentar una nueva regulación marco del sector eléctrico, que supere las dificultades de interpretación que sus sucesivas reformas han introducido en su texto. Sin embargo, tal marco regulatorio podría no ser suficiente para poner en marcha de forma generalizada el "cambio de modelo energético" que, además de un régimen jurídico bien definido, requiere adicionalmente de la movilización de amplios sectores de la sociedad, del cambio de la actitud pasiva parte del consumidor que ahora ha de participar activamente en su consumo, y en la aparición de nuevos agentes —que es distinto a que los agentes tradicionales aborden nuevos modelos de negocio—"*[45].

Más allá de ello, y a efectos prácticos, en el marco de las Comunidades Energéticas Locales podríamos decir que se plantean tres tipos de modelos, uno liderado por la ciudadanía, otro liderado por empresas locales y un tercero liderado por entes locales.

Y de lo que no cabe duda es de que de estos tres nuevos actores, es la Administración Local, la que puede (y debe) encontrar, mediante las Comunidades Energéticas Locales, el instrumento idóneo para abrir una agenda, la energética, que hasta el momento ha estado, en términos generales, fuera de la agenda municipal.

En cualquier caso, en todos los modelos deberá establecerse un sistema o unas reglas del juego que garanticen la participación ciudadana en las Comunidad Ciudadana de Energía.

Según se establece en las múltiples definiciones que existen de comunidad energética local, los actores implicados en ellas son la ciudadanía, las empresas privadas (tanto sector terciario como industrial) y los entes locales.

Y lo que parece evidente es que en la fase inicial, son las Administraciones Locales las que tienen de las herramientas para poder impulsar las Comunidades Energéticas Locales, y no sólo por la posible capacidad de financiar a través de subvenciones o desgravaciones fiscales, sino por su capacidad aglutinadora y neutral a la hora de interactuar con los diferentes actores en juego.

Pero pueden aparecer otros actores liderados por empresas locales y muy vinculados a zonas industriales o polígonos de actividad económica,

---

[45]   GALERA RODRIGO, S., "Cambio de modelo en la transición energética: ¿otro tren que pasará?", en *Actualidad jurídica ambiental* núm. 114, julio de 2021.

así como también iniciativas vinculadas al impulso asociativo o ciudadano.

Sea como fuere, si se pretende, como así lo establecen las Directivas, que las Comunidades Energéticas emerjan como unos nuevos actores en el Mercado Energético, dos elementos aparecen como claves:

1º) La necesidad de que las mismas puedan tener cierto tamaño y dimensión, no vinculando la Comunidad Energética Local a un simple autoconsumo compartido, sino a los servicios energéticos que se puedan ofrecer en su comunidad, y para ello será necesaria una cierta escala (de ahí la importancia de que se aumentase en la normativa estatal del autoconsumo la distancia autorizada en principio para poder realizar el autoconsumo compartido, cosa que finalmente se consiguió).

2º) Conseguir que dichas comunidades puedan ejercer, de forma efectiva, todos y cada uno de los papeles que les otorgan las Directivas, y determinadas prerrogativas para poder competir con otros actores del sector energético, que cuentan con muchos más recursos humanos, económicos y financieros que las nuevas comunidades energéticas.

Todo ello debería poder conseguirse en la propuesta de regulación completa que propondremos y detallaremos más adelante.

En todo caso, si nos centramos en el papel de lo local en cuanto a la puesta en marcha en España de iniciativas de Comunidades Energéticas, coincidimos con REVUELTA PÉREZ[46] cuando señala que la falta de regulación completa y específica de las Comunidades Energéticas en España, no favorece desde luego el desarrollo de estas figuras (ni las Comunidades de Energías Renovables ni las Comunidades Ciudadanas de Energía), y mucho menos ayuda a que la iniciativa de las entidades locales sea más consistente y basada en la seguridad jurídica, como debería ser.

Además, continua reflexionando dicha autora, hay que tener en cuenta que también pueden hacerlo a través de otras figuras distintas a las comunidades energéticas, cumpliendo determinados requisitos. Así, debido a las posibilidades de generación descentralizada que ofrecen las energías renovables, algunos entes locales están actuando como operadores energéticos, como el Ayuntamiento de Barcelona, que está prestando servicios de abastecimiento energético de energías renovables no sólo al propio

---

[46]   REVUELTA PÉREZ, I., "Comunidades energéticas: los desafíos jurídicos para los entes locales", *Anuario de Derecho Municipal* Nº 16, 2022.

ente local sino también al sector privado del área metropolitana, a través de una comercializadora de electricidad.

Otros ayuntamientos han decidido iniciar su participación en el mercado eléctrico sin utilizar la figura de la comunidad energética, colocando instalaciones de generación de energía en sus propios espacios (cubiertas de edificios, cementerios, etc.) con la finalidad de abastecer inicialmente a edificios e infraestructuras municipales pero dejando la futura prestación del servicio a sujetos privados mediante una comunidad energética.

En todo caso, son muchas las entidades locales que se están planteando la posibilidad de fomentar, participar o, incluso, crear una comunidad energética, lo cual es lógico por tres motivos principalmente, a saber: (i) para atender necesidades sociales y económicas, como el desarrollo económico del municipio o la lucha contra la pobreza energética, (ii) para poder captar las ayudas públicas que se están concediendo para ello, y (iii) porque mediante las comunidades energéticas se pueden acometerse muchas actuaciones, no sólo los proyectos de autoconsumo eléctrico compartido, sino también producir y comercializar energía verde, eléctrica o térmica; adoptar medidas de eficiencia energética; desarrollar infraestructuras para la movilidad sostenible; prestar servicios de gestión de la demanda, e incluso una actividad hasta ahora poco desarrollada en España, pero que empieza a estar en auge en los países de nuestro entorno, como son los sistemas urbanos de calefacción o refrigeración abastecidos con energías renovables.

Entre dichos Ayuntamientos, destaca la iniciativa del Ayuntamiento de El Prat, liderada por su entonces Director de Acción Ambiental y Energía (Joan Herrera), y que detallaremos más adelante.

2.4. Concepto de Autoconsumo Colectivo

Tal y como muy certeramente señala GALLEGO CÓRCOLES, *"por autoconsumo suele entenderse el consumo de energía por la misma persona física que la genera, lo que abarca un completo abanico de modalidades de consumo de energía generada a nivel local procedente de instalaciones de generación conectadas en el interior de la red del consumidor o a través de una línea directa, con consumo total o con excedentes de la instalación de generación que pudieran verterse al sistema"*[47].

---

[47]   GALLEGO CÓRCOLES, I., *Comunidades de energía y transición energética*, Thomson Reuters Aranzadi, 2022, p. 53.

De ello se deduce claramente que el autoconsumo no es un concepto nuevo, ya que incluso los clientes finales en este tipo de autoconsumo ya estaban relativamente implantados en muchos Estados Miembros antes de la aprobación del Paquete de Invierno de la UE. Pero en las dos Directivas de este paquete (la de Electricidad y la de las Energías Renovables) se introducen nuevas definiciones que reconocen formalmente a los autoconsumidores, de modo que en ambos casos los consumidores finales tienen derecho a consumir y a almacenar la electricidad que han producido en sus instalaciones y a venderla. Y en ambas Directivas se permite, como no podía ser de otra forma, a los Estados Miembros, que amplíen estas actividades más allá de las propias instalaciones de los autoconsumidores, salvo que las mismas tengan carácter comercial.

En nuestro derecho interno, y como es bien conocido, el Autoconsumo[48] colectivo fue prohibido de forma expresa en el ya derogado Real Decreto 900/2015, que regulaba el autoconsumo, y que impedía la implantación de instalaciones de autoconsumo en comunidades de propietarios o en propiedades compartidas, no pudiéndose crear una red interior de varios consumidores. Esta prohibición fue recurrida por los servicios jurídicos de la Generalitat de Cataluña ante el Tribunal Constitucional, quien declaró esta prohibición inconstitucional y nula, por invasión de competencias y al considerar dicha prohibición injustificada y contraria a la normativa europea, en su importante Sentencia 68/2017, de 25 de mayo de 2017[49].

Así, el nuevo sistema de Autoconsumo se volvió a instaurar en España a raíz de la aprobación del Real Decreto-Ley 15/2018, de 5 de octubre, de medidas urgentes para la transición energética y la protección de los consumidores, de forma que el nuevo marco para el autoconsumo se consolidó en una norma estatal con rango de ley con el nuevo art. 9 de la LSE.

Este régimen se consolidó y se definió y desarrolló reglamentariamente mediante el Real Decreto 244/2019, de 5 de abril.

Según el art. 3.m) del RD 244/2019 se considera que existe autoconsumo colectivo cuando un sujeto consumidor pertenece a un grupo de varios

---

[48] Sobre el Autoconsumo, vid., in extenso, el trabajo de GALÁN VIOQUE, R., "El régimen del autoconsumo", en DELGADO PIQUERAS, F. (dir.), *El derecho de las energías renovables y el regadío*, Thomson-Reuters, Cizur Menor, 2018.

[49] Sobre este tema, *vid., in extenso*, el trabajo de NAVARRO RODRIGUEZ, P., y RUIZ ROBLEDO, A., "La reforma energética en España: análisis constitucional y administrativo", *CEF Legal: Revista práctica de derecho. Comentarios y casos prácticos*, N°. 189, 2016.

consumidores que se alimentan, de manera acordada, de energía eléctrica proveniente de instalaciones de producción cercanas a las de consumo y asociadas a estas últimas.

Mientras que se entiende por instalación de producción cercana a las de consumo y asociada a las mismas, según el art. 3.g), lo siguiente:

> *"Instalación de producción o generación destinada a generar energía eléctrica para suministrar a uno o más consumidores acogidos a cualquiera de las modalidades de autoconsumo en las que se cumpla alguna de las siguientes condiciones:*
>
> *i. Estén conectadas a la red interior de los consumidores asociados o estén unidas a estos por medio de líneas directas.*
>
> *ii. Estén conectadas a cualquiera de las redes de baja tensión derivada del mismo centro de transformación.*
>
> *iii. Se encuentren conectados, tanto la generación como los consumos, en baja tensión ya una distancia entre ellos inferior a 500 metros. A tal efecto se tendrá en consideración la distancia entre los equipos de medida en su proyección ortogonal en planta.*
>
> *iv. Estén ubicados, tanto la generación como los consumos, en una misma referencia catastral según sus primeros 14 dígitos o, en su caso, según lo establecido en la disposición adicional vigésima del Real Decreto 413/2014, de 6 de junio, por el que se regula la actividad de producción de energía eléctrica a partir de fuentes de energía renovables, cogeneración y residuos".*

En el artículo 4 del RD 244/2019 establece la clasificación de las diferentes modalidades de autoconsumo existentes: sin excedentes o con excedentes (acogida a compensación o no acogida a compensación). Y en el apartado 3 del citado artículo 4 se determina lo siguiente:

> *"Adicionalmente a las modalidades de autoconsumo señaladas, el autoconsumo podrá clasificarse en individual o colectivo en función de si se trata de uno o varios consumidores los que están asociados a las instalaciones de generación. En el caso de autoconsumo colectivo, todos los consumidores participantes que se encuentren asociados a la misma instalación de generación deberán pertenecer a la misma modalidad de autoconsumo [...]".*

En concreto, y siguiendo la nueva Guía para el Autoconsumo Colectivo que presentó el IDAE en julio de 2023[50], caben dos tipos de conexión para los consumidores asociados a un autoconsumo colectivo:

1) Autoconsumo con la conexión en red interior, donde la instalación de generación se conecta a la red interior de los consumidores.

2) Autoconsumo con la conexión a través de la red, donde los consumidores se conectan a la instalación generadora a través de la red pública de distribución.

---

[50]   IDAE, Guía Profesional de Tramitación del Autoconsumo, 2023.

Por otra parte, tal y como ha desarrollado de forma amplia PRES-TICE, existen cuatro modalidades de autoconsumo colectivo[51], cuyas principales características se resumen en la referida nueva Guía para el Autoconsumo Colectivo del IDAE, que a detallamos a continuación, dada su importancia:

2.4.1. Autoconsumo Colectivo sin Excedentes

Las principales características de este tipo de autoconsumo son las siguientes:
- Hay varios consumidores asociados y la instalación generadora dispondrá de un sistema antivertido que impida en todo momento la cesión de energía a la red.
- La titularidad de la instalación de generación y del mecanismo antivertido será compartida solidariamente por todos los consumidores asociados. Sin perjuicio de los acuerdos que puedan firmar las partes, los consumidores serán responsables de los posibles incumplimientos ante el sistema eléctrico.
- La energía generada se individualiza, es decir, se reparte entre los consumidores asociados según los coeficientes de reparto que se hayan acordado, pero nunca se cede físicamente energía a la red. Por ello, la instalación generadora debe estar perfectamente ajustada a los consumos de los consumidores asociados.
- La generación en cada hora será como máximo el consumo total de los consumidores conectados aguas abajo de la generación y en cada momento solo se generará la energía que se esté demandando sin que se genere excedente en ningún momento.

2.4.2. Autoconsumo Colectivo sin Excedentes Acogida s Compensación

Las principales características de este tipo de autoconsumo son las siguientes:
- Es exclusiva de los autoconsumos colectivos y está diseñada para los consumidores conectados en red interior; típicamente corres-

---

[51]   PRESTICE, L., "Autoconsumo colectivo en edificios plurifamiliares. Problemáticas no resueltas e impulso municipal", en DELGADO PIQUERAS, F., GALÁN VIOQUE, R., GARRIDO CUENCA, N., y GONZÁLEZ RÍOS, I., *Los desafíos jurídicos de la transición energética,* Thomson-Reuters, Aranzadi, Cizur Menor, 2021.

ponde a autoconsumos colectivos en edificios de viviendas plurifamiliares.

- La conexión debe realizarse en las instalaciones de enlace, que unen el punto frontera con la compañía distribuidora y las instalaciones individuales de cada consumidor; este punto se denomina también centralización de contadores y suele ubicarse en el cuarto de contadores del edificio. A efectos de autoconsumo, las instalaciones de enlace tienen la consideración de red interior.
- La titularidad de la instalación de generación y del mecanismo antivertido será compartida solidariamente por todos los consumidores asociados y, sin perjuicio de los acuerdos que puedan firmar las partes, los consumidores serán responsables de los posibles incumplimientos ante el sistema eléctrico.
- La instalación de generación estará dotada de un sistema antivertido de manera que nunca se pueda ceder físicamente energía a la red.
- La energía generada se individualiza, es decir, se reparte entre los consumidores asociados según los coeficientes de reparto que se hayan acordado, pero la energía que cada consumidor no utilice instantáneamente se convierte en excedente de ese consumidor, que se compensará según el mecanismo de compensación simplificada.
- Físicamente, la energía no llega a cederse a la red, ya que existe un mecanismo antivertido, pero será empleada por otro consumidor que esté conectado a la misma red interior y que en ese momento esté demandando más energía de la que tiene asignada. Así, este segundo consumidor utilizará esa energía que a sus efectos será energía comprada a su comercializadora y por la que pagará su tarifa de suministro habitual, mientras que para el primero será energía excedentaria que compensará en su factura.

2.4.3. Autoconsumo Colectivo con Excedentes Acogida a Compensación

Las principales características de este tipo de autoconsumo son las siguientes:

- Con varios consumidores asociados y la energía que no sea utilizada de forma instantánea será cedida a la red y compensada posteriormente a cada consumidor de forma individual.

- En los edificios sujetos a la Ley de Propiedad Horizontal (LPH) no está permitido realizar la conexión directamente a la red interior de ninguno de los consumidores asociados a la instalación de autoconsumo colectivo. Por tanto, en estos casos la conexión debe efectuarse en las instalaciones de enlace, que unen el punto frontera con la compañía distribuidora y las instalaciones individuales de cada consumidor; este punto se denomina también centralización de contadores y suele ubicarse en el cuarto de contadores del edificio.

- A efectos de autoconsumo, las instalaciones de enlace tienen la consideración de red interior. En el caso de que existan consumidores asociados conectados al autoconsumo colectivo a través de red, para que sea posible acogerse al mecanismo de compensación deberá existir al menos un consumidor asociado conectado a la instalación en red interior.

- La gestión de los excedentes se realiza de forma individual para cada consumidor asociado. Es decir, si un consumidor asociado tiene excedentes en una hora concreta, esos excedentes se le compensarán a él individualmente en su factura y de forma independiente para cada uno de los asociados.

- Tal y como contempla el RD 244/2019, de 5 de abril, la titularidad de la instalación de generación en estos casos será del productor, que será quien se inscriba como tal en los registros de autoconsumo.

- En aquellos casos en que las instalaciones de producción compartan infraestructuras de conexión a la red o se conecten a la red interior de un consumidor, los consumidores y productores responderán solidariamente por el incumplimiento ante el sistema eléctrico. Es decir, aceptarán las consecuencias que la desconexión del citado punto pudiera conllevar para cualquiera de las partes, entre ellas, la imposibilidad del producto de venta de energía o la imposibilidad del consumidor de adquirir energía.

2.4.4. Autoconsumo Colectivo con Excedentes no Acogida a Compensación

Las principales características de este tipo de autoconsumo son las siguientes:

- Deben existir varios consumidores asociados y la energía que no sea utilizada de forma instantánea será cedida a la red y se venderá en el mercado eléctrico.
- La titularidad de la instalación de generación recae sobre el productor de manera que los excedentes le pertenecen y es el productor quien, a través de un representante o por cualquier otro mecanismo de participación en el mercado, venderá dichos excedentes recibiendo por ellos el importe que corresponda.
- El productor deberá hacerse cargo de las obligaciones fiscales y tributarias que se desprendan de dicha venta, como cualquier otro productor de energía eléctrica.
- Al igual que en el caso anterior, cuando las instalaciones de producción se conecten a la red interior de un consumidor o cuando compartan infraestructuras de conexión con los consumidores asociados, ambos (productor y consumidores) responderán solidariamente por los posibles incumplimientos ante el sistema.

Así pues, y como conclusión final en este apartado, resulta claro y evidente que existe una clara interconexión entre la figura de las comunidades de energías renovables y la del autoconsumo colectivo, en tanto que esta última se caracteriza por la generación de energía eléctrica destinada a suministrar a un grupo de varios consumidores asociados y próximos a la instalación de producción. Pero en puridad no son lo mismo: el autoconsumo colectivo se puede realizar bien a través de una Comunidad Energética, o bien por otras vías, como señalaremos más adelante con más detalle.

2.5. *Concepto de Gestor del Autoconsumo*

Tal y como se señala en la nueva Guía del Autoconsumo del IDAE[52] (a la que nos remitimos expresamente por su elevado carácter divulgativo), una de las novedades más esperadas por parte del sector era la regulación de la figura del gestor de autoconsumo (que también se aplica a autoconsumos individuales), quien puede actuar como representante de los consumidores asociados para facilitar el alta y las modificaciones posteriores en el autoconsumo y el reparto de la energía.

El Gestor del Autoconsumo no es más que un representante de los consumidores, un interlocutor, pero las decisiones siguen siendo de los consumidores; son ellos quienes determinan cómo repartir la energía en-

---

[52]   IDAE, *Guía Profesional de Tramitación del Autoconsumo*, 2023.

tre ellos y como gestionar la instalación. Podrá ser cualquier persona física o jurídica forme parte o no del autoconsumo colectivo, es decir, la figura podrá recaer en un consumidor, en el productor, propietario, administrador de fincas, presidente de la comunidad de propietarios o un tercero especialmente dedicado a esta labor como la empresa instaladora habilitada o una Empresa de Servicios Energéticos (ESE).

Además, podrá constituirse una Comunidad de Energías Renovables (CER) siempre que se cumpla con los requisitos establecidos para las mismas. La Comunidad de Energías Renovables podrá actuar como representante de los consumidores siempre que estos otorguen las correspondientes autorizaciones. De esta manera, la Comunidad de Energías Renovables podrá asumir el papel de Gestor de autoconsumo de la instalación colectiva.

Algunas de las **funciones del gestor del autoconsumo**, extraídas del texto de la nueva Guía del IDAE, son las siguientes:

- ✓ Centralizar las gestiones administrativas y comunicaciones, pudiendo recibir y custodiar la documentación relacionada con el autoconsumo colectivo: proyectos, autorizaciones y CIE.
- ✓ Apoyar a los consumidores en la definición de los criterios de reparto y establecimiento de coeficientes b, remitiendo a la comercializadora de cada consumidor asociado la documentación del autoconsumo colectivo: acuerdo de reparto y fichero de coeficientes.
- ✓ Activar el autoconsumo colectivo en nombre del consumidor asociado, realizando con la compañía distribuidora los trámites de modificación del contrato ATR del consumidor asociado.
- ✓ Tramitar en nombre del consumidor asociado, la modificación de su contrato de suministro con la compañía comercializadora.
- ✓ Negociar con la compañía comercializadora y en nombre de cada consumidor asociado, el precio de los excedentes en aquella modalidad en las que sea preciso (con excedentes acogida a compensación-consumidor en mercado libre).
- ✓ En caso de una baja o modificación de consumidores asociados, apoyar en la modificación convenientemente del acuerdo de reparto con los nuevos coeficientes. Recoger la firma de los consumidores afectados por el cambio en el acuerdo de reparto y del nuevo consumidor entrante y remitirlo a las compañías comercializadoras.
- ✓ Formular en nombre de los consumidores asociados las reclamaciones necesarias ante distribuidoras y/o comercializadoras en casos de retrasos o aplicaciones erróneas de los repartos o activaciones.

2.6. Concepto de Prosumidor

El término de "prosumidor" trae causa del Dictamen del Comité Económico y Social Europeo sobre "Cooperativas de productores-consumidores (prosumidores) de energía: oportunidades y retos en los países de la UE"[53], que a su vez se hizo eco del término incluido por el escritor futurista ALVIN TOFFLER en su libro "La tercera ola", donde definió el prosumo como "la distinción difusa entre producción y consumo en el mercado".

Así, según el punto 5.5 del Dictamen del Comité Económico y Social Europeo,

> *"los prosumidores son particulares, grupos de particulares o de hogares y explotaciones agrícolas capaces de operar de forma organizada, por ejemplo, mediante asociaciones, fundaciones o cooperativas que son a la vez productores y consumidores de energía generada en pequeñas instalaciones ubicadas cerca de las casas o en edificios de viviendas y comerciales (mediante pequeños aerogeneradores, paneles fotovoltaicos, colectores solares y bombas de calor). Las pequeñas empresas, incluidas las empresas sociales y entes locales, pueden ser también prosumidores".*

Y es el propio Comité Económico y Social Europeo el que sugiere que sea la Comisión la que fije una definición marco del término, que incluya aspectos generales como el tamaño de la instalación, si la producción de energía se realiza de manera individual o colectiva, en función de la propiedad de la instalación y en función de a quién se revierten en su caso los excedentes de la energía generada.

Como conclusión, y siguiendo a GALLEGO CÓRCOLES, podemos decir que hoy por hoy el concepto de prosumidor no es un concepto jurídico. Y que en su uso o acepción más habitual hasta la fecha, podríamos asimilar el término con el concepto de autoconsumidor de energía[54].

2.7. Concepto de Energía Participativa

El concepto de energía participativa se suele utilizar frecuentemente al hacer alusión a las comunidades energéticas, aunque como ya hemos desarrollado con anterioridad, en la definición legal de las comunidades

---

[53]   Dictamen del Comité Económico y Social Europeo sobre "Cooperativas de productores-consumidores (prosumidores) de energía: oportunidades y retos en los países de la UE", 2017/C034/07, 21.1.2016.

[54]   GALLEGO CÓRCOLES, I., *Comunidades de energía y transición energética*, Thomson Reuters Aranzadi, 2022.

energéticas (ciudadanas de energía o de energías renovables) no aparece el concepto de energía participativa.

De hecho, en el estudio del Comité Económico y Social Europeo sobre "Cambiar el futuro de la energía: la sociedad civil como agente principal de la generación renovable", se usa para referirse a todos aquellos proyectos en los que la sociedad civil se involucra en la generación de energía mediante fuentes de energías renovables, sean canalizados a través de comunidades de energías, o mediante otras vías (por ejemplo, mediante otras fórmulas de participación de pequeños inversores locales en proyectos de generación de energía renovable).

Por ello, coincidimos con el planteamiento de GALLEGO CÓRCOLES, que señala que lo más adecuado es utilizar el término de energía participativa en un sentido amplio (esto es, para referirse a cualquier fórmula de participación de la sociedad civil en la producción de energía renovable, aunque la misma no se vehiculice a través de las comunidades de energía). Y reservar para la energía producida por las comunidades de energía el término de "energía comunitaria"[55].

---

[55]   GALLEGO CÓRCOLES, I., *Comunidades de energía y transición energética*, Thomson Reuters Aranzadi, 2022, p. 32.

3. REGULACIÓN ACTUAL DE LAS COMUNIDADES DE ENERGÍA. EL MARCO JURÍDICO ACTUAL Y LAS AYUDAS O MEDIDAS DE FOMENTO APROBADAS HASTA LA FECHA

Hasta agosto de 2022 el marco jurídico español en materia de Comunidades Energéticas era casi testimonial, ya que lo único que hasta ese momento se había implementado en el ordenamiento jurídico interno en relación con la transposición de las dos Directivas en materia de Comunidades Energéticas Locales, era lo previsto en el Real Decreto-Ley 23/2020, de 23 de junio, por el que se aprueban medidas en materia de energía y en otros ámbitos para la reactivación económica, mediante la modificación de varios artículos de la Ley 24/2013, de 26 de diciembre, del Sector Eléctrico, donde se definían las Comunidades de Energías Renovables, y el Real Decreto-ley 5/2023, de 28 de junio, por el que se incorporan al ordenamiento jurídico español (en concreto, a la Ley 24/2013, del Sector Eléctrico) algunos principios reguladores de las comunidades energéticas, regulando de forma específica los derechos y obligaciones de las comunidades de energías renovables y la definición de las comunidades ciudadanas de energía, pero poco más.

Esto provocaba que autores como MENÉNDEZ SÁNCHEZ y FERNÁNDEZ GÓMEZ señalaran, por ejemplo que, entre los retos a los que se enfrentaba el desarrollo de las Comunidades Energéticas en España, se encontraba (en mayo de 2022) el de *"desarrollar e integrar de manera eficiente la regulación relativa a las comunidades energéticas, el autoconsumo, las microrredes y los procedimientos administrativos para el despliegue de renovables, la interacción entre comunidades energéticas y la red de distribución, los mecanismos de flexibilidad o el rol de distintos agentes. En particular, el desarrollo de un marco normativo general que regule de forma integrada el autoconsumo, los servicios de agregación y las comunidades energéticas favorecería el despliegue eficiente de recursos energéticos distribuidos. También puede favorecerse el desarrollo de comunidades energéticas reduciéndose las barreras regulatorias, técnicas y administrativas relacionadas con los permisos para el despliegue de activos y las conexiones a las redes, con condiciones de acceso favorables para que las comunidades energéticas puedan participar en mercados energéticos, acceder a datos de consumo, solicitar financiación pública, etc. El desarrollo de mercados de flexibilidad locales puede también contribuir a favorecer la implantación eficiente (i. e., con rentabilidad social neta positiva) de las comunidades energéticas*"[56].

El resto de antecedentes hasta ese momento, esto es, agosto de 2022, no dejaban de ser documentos de Planificación Energética, pero no vinculantes, tal y como se describían en el propio texto de la consulta pública previa plateada en diciembre de 2020 por Ministerio de Transición Ecológica y Reto Democrático (MITECO), cuya finalidad era recabar la opinión de colectivos y entidades interesadas, administraciones y agentes potencialmente involucrados en el desarrollo de Comunidades Energéticas Locales, donde se dibuja un marco de las Comunidades Energéticas en España que más bien parece un relato de los antecedentes planificadores, y que se resume del siguiente modo[57]:

Así, en ese contexto, destacaba lo previsto en el Marco Estratégico de Energía y Clima lanzado el MITECO, en febrero de 2019, con las iniciativas necesarias para modernizar la economía e iniciar la transición hacia una economía descarbonizada, dentro del cual destacaba el Plan Nacional Integrado de Energía y Clima 2021-2030, actualizado en enero de 2020, donde se establecían objetivos y políticas y medidas en línea con un escenario para alcanzar la neutralidad climática antes de 2050. Y dentro de las mismas se encontraba la "Medida 1.13. Comunidades energéticas locales" del Plan Nacional Integrado de Energía y Clima (PNIEC), donde se establecen las líneas de actuación para desarrollar el marco normativo apropiado que defina estas entidades jurídicas y favorezca su desarrollo.

Adicionalmente, el Plan Nacional Integrado de Energía y Clima (PNIEC), incluía una serie de medidas basadas en la participación ciudadana en el ámbito energético, elemento clave para las comunidades energéticas locales.

Entre dichas medidas destacan las siguientes:

* "Medida 1.2. Gestión de la demanda, almacenamiento y flexibilidad", donde uno de sus objetivos es el fomento de la participación ciudadana en la gestión de la demanda.

---

[56] MENÉNDEZ SÁNCHEZ, J., y FERNÁNDEZ GÓMEZ, J., *Comunidades Energéticas: casos de estudio*, Orkestra-Instituto Vasco Competitividad, 2022, p. 10.
[57] file:///C:/Users/Pilar%20Navarro/Downloads/Texto%20de%20la%20consulta%20p%C3%BAblica%20previa.pdf

- "Medida 1.4. Desarrollo del autoconsumo con renovables y la generación distribuida", señalando el autoconsumo colectivo como punto de partida para las comunidades energéticas locales.
- "Medida 1.14. Promoción del papel proactivo de la ciudadanía en la descarbonización", con objetivos como empoderar a la ciudadanía, promover su participación en la transición energética o promover la movilización de los fondos disponibles por parte de la ciudadanía para contribuir a financiar la transición energética renovable o para gestionar su propia energía.
- "Medida 1.19. Generación de conocimiento, divulgación y sensibilización", para promover la participación proactiva de todos los actores de la transición energética.
- "Medida 2.15. Comunicación e información en materia de eficiencia energética", con medidas de comunicación e información para transformar los hábitos de consumo energético u orientadas a consumidores vulnerables[58].
- "Medida 5.8. Innovación social por el clima", con uno de sus objetivos siendo apoyar la realización de proyectos de innovación social y urbana.

A ello habría que añadir los contenidos relacionados dentro de la Estrategia Nacional de Autoconsumo y la Estrategia de Almacenamiento, las consideraciones recogidas en la consulta pública previa sobre Acceso a datos y evolución del sistema de contadores eléctricos, y la Estrategia de Descarbonización a Largo Plazo (ELP) 2050, que en su capítulo 7.1., titulado "El papel de la ciudadanía", señalaba la importancia de contar con la implicación de la sociedad de manera estable para la transformación del sistema energético y de la economía hacia un país climáticamente neutro en 2050, posicionando a la ciudadanía en el centro del sistema energético.

Además de ello, hay que tener en cuenta el Plan de Recuperación, Transformación y Resiliencia, impulsado por el Gobierno de España como respuesta a la crisis sanitaria de la pandemia de la COVID-19 y como marco de referencia para los instrumentos europeos de financiación Next-GenerationEU y publicado en octubre de 2020 por el Gobierno de España, que bajo la política palanca 1, "Agenda urbana y rural y lucha contra la despoblación", la línea de acción 2 "Plan de rehabilitación de vivienda y regeneración urbana" comprendía un plan de transición energética para

---

[58] *Vid.*, JAIO GABIOLA, E., PAREDES GÁZQUEZ, J. y SÁNCHEZ RODRÍGUEZ, J. A., "El bono social y las cooperativas energéticas verdes: situación y perspectivas" en REVESCO: Revista de Estudios Cooperativos núm. 122, 2016, pp. 165-190.

la España vaciada[59], que pretendía impulsar las comunidades energéticas, la rehabilitación y la regeneración y el apoyo a la energía sostenible y asequible en municipios de menos de 5.000 habitantes, como palanca de generación de empleo y de atracción de actividad. De esta forma, antes de tener un marco jurídico completo, se lanzaron las líneas de ayuda de los Fondos Next Generation de la Unión Europea (en adelante, "NGEU"), ya que estos fondos tienen unos plazos que no pueden esperar[60].

En concreto, dentro del contexto del Plan de Recuperación cabe destacar el proyecto estratégico para la recuperación y transformación económica ("PERTE") de Energías Renovables, Hidrógeno Renovable y Almacenamiento" (ERHA), en el que el establecimiento de un ecosistema de apoyo a las comunidades energéticas se plantea como una de las tres medidas transversales para el desarrollo de este plan en su conjunto. Se prevé que este ecosistema esté articulado en cuatro fases y apoyado por distintos recursos económicos y regulatorios. Estas fases son relevantes, no solo porque articulan el citado ecosistema de apoyo para las comunidades energéticas, sino también porque son los programas de gestión centralizada a través de los cuales se repartieron ya parte de los 100 M€ movilizados para las comunidades energéticas en el Plan de Recuperación, siendo las fases 1 y 2 ("Aprende" y "Planifica") de concurrencia simple, mientras que la tercera y cuarta fases ("Implementa") son de concurrencia competitiva.

Como consecuencia de la aplicación de las Fases 1 y 2, el propio IDAE ha aprobado y publicado un "mapa interactivo" o visor de Comunidades Energéticas[61], que a la fecha de cierre de estas líneas contaba con las 73 que resultaron adjudicatarias de las ayudas Implementa 1 y 2. Además de visualizar de forma sencilla la información sobre los proyectos de comunidades energéticas del programa CE IMPLEMENTA, el mapa permite acceder a la información de las estadísticas a nivel municipal, provincial,

---

[59]   Sobre el tema de la lucha contra la despoblación, *vid.*, *in extenso*, el trabajo de GALÁN GALÁN, A., " Más allá de la autonomía local: de la despoblación rural al poder de las ciudades", Anuario del Gobierno Local, Nº. 1, 2019, pp. 11-44.

[60]   Sobre la aplicación de los Fondos NGEU a las Comunidades Energéticas Locales, *vid.*, FUNDACIÓN RENOVABLES. *Democratizar la energía como proyecto de país: los Fondos Next Generation EU y las infraestructuras del sistema eléctrico.* Madrid: Fundación Renovables, 2021. Disponible en: https://fundacionrenovables.org/wp content/uploads/2021/04/Democratizar-la-energia-como-proyecto de-pais.-Fundacion-Renovables.pdf.

[61]   IDAE, *Visor de Comunidades Energéticas vigentes en las diferentes comunidades autónomas*, última actualización de 1 de septiembre de 2023, disponible en https://informesweb.idae.es/visorccee/

autonómico y local; trazar la presencia de las comunidades energéticas en municipios de Reto Demográfico y Transición Justa; facilitar herramientas a los actores del sector para crear otras propuestas de valor a partir de la información publicada; dar visibilidad a las comunidades energéticas para convertirlas en potenciales puntos de contacto; aportar inspiración para la formación de potenciales comunidades futuras; y dar proyección internacional a las iniciativas españolas de comunidades energéticas.

El mapa incluye entre sus secciones, las siguientes:

- Un mapa con el resumen de las comunidades energéticas por comunidad.

- Consultas sobre comunidades y sobre proyectos, con grandes indicadores que se pueden filtrar por comunidad autónoma, provincia, municipio y convocatoria de IMPLEMENTA.

- Tablas resumen con potencias de energías renovables, número de puntos de recarga o de vehículos eléctricos, etc., a implementar e implementados, que se pueden filtrar por comunidad autónoma, provincia, municipio y convocatoria de IMPLEMENTA.

- Detalle de proyectos para cada comunidad autónoma con la información específica de cada proyecto a implementar.

- Buzón habilitado para potencial contacto de las comunidades energéticas.

Los datos concretos de las dos primeras convocatorias del programa CE IMPLEMENTA (01 y 02) para apoyar proyectos piloto singulares de comunidades energéticas, ofrecidos por parte del propio IDAE, son los siguientes: se han otorgado ayudas por valor de 40 millones de euros a 73 comunidades energéticas, que han movilizado más de 90 millones de euros de inversión y a más de 95.000 socios. Las dos últimas, con otros 40 millones de euros en ayudas, siguen abiertas y cerrarán su plazo de solicitud el próximo 13 de febrero. Además, el IDAE también ha publicado una convocatoria del programa CE OFICINAS, para la ejecución de proyectos de puesta en marcha y funcionamiento de Oficinas de Transformación Comunitaria que puedan realizar actividades de difusión, asesoramiento y acompañamiento a las comunidades energéticas.

El 41% de los proyectos seleccionados en CE IMPLEMENTA 01 y 02 son de carácter multicomponente con actuaciones variadas relacionadas con la eficiencia energética, el autoconsumo y la electricidad, la movilidad sostenible, la gestión de la demanda y la climatización, e incluyen al menos dos tipos de tecnología, lo que contribuye a adoptar soluciones en sectores de difícil descarbonización.

Asimismo, el 49% de los proyectos seleccionados se desarrollan en municipios de Reto Demográfico, lo que contribuye a alcanzar los objetivos de cohesión territorial y lucha contra la despoblación, prioritarios en la política energética de España.

Por último, como dato también digno de mención, hay que señalar que el 11% buscaba abordar la pobreza energética y reforzar la inclusión de consumidores vulnerables, y un 47% presentaba planes de igualdad de género con el objeto de tener una representación equilibrada entre mujeres y hombres en dichos proyectos. De esas 73 Comunidades Energéticas cuyos proyectos fueron seleccionados en los Programas Implementa 01 y 02, a continuación vamos a citar solo algunas (en concreto, las 18 que tienen mayor dimensión, al contar con al menos 50 miembros, de acuerdo con la información publicada en el número 224 de la *Revista Energías Renovables*, que a su vez se basa en la información disponible en el visor de Comunidades Energéticas del IDAE).

• **Neo Balenya (Balenya Sostenible SCCL).** 109 miembros.

La cooperativa de consumidores y usuarios Balenyà Sostenible Sociedad SCCL tiene como principal objetivo que su municipio esté basado en un elevado porcentaje en consumos sostenibles que se acerquen al 100% renovable y se trabaje con la protección de las familias más vulnerables. Este plan se inscribe, a su vez, en el Plan Comarcal Nuevas Energías Osona (NEO), que planifica las actuaciones necesarias para alcanzar una reducción del 40% de las emisiones CO2 equivalente (CO2eq) en la comarca de Osona, asociadas al consumo final de energía.

• **Comunidad Energética Agrícola Sant Isidre de La Fartarella.** 53 miembros.

Se trata de una comunidad energética pequeña, para 40 miembros de la Cooperativa Agrícola Sant Isidro del municipio de La Fatarella, en la provincia de Tarragona. Su objetivo es instalar una planta solar sobre la cubierta de la sede para distribuir energía a la cooperativa y las casas de sus miembros, con un autoconsumo compartido a través de la red de distribución.

• **Comunidad Energética Gea Sociedad Cooperativa.** 73 miembros.

Su principal objetivo es la instalación de un parque fotovoltaico y dos puntos de recarga de vehículo eléctrico para autoconsumo compartido en el municipio de Gea de Albarracín.

• **Energia Comunitària Girapells' (Cultural Rocaguinarda, SCCL).** 508 miembros.

Su principal objetivo es la instalación de autoconsumo compartido en cubierta de edificio municipal.

• **Comunidad Energética Vacoe (Vacoe Sociedad Cooperativa). 70 miembros.**

Su principal objetivo es la instalación solar de autoconsumo a través de la red

• **Comunidad Energética Local de Abenojar (Cel Abenojar, S. Coop. De C-Lm). 84 miembros.**

El proyecto se concentra en el desarrollo de la comunidad energética local de Abenojar (Ciudad Real), municipio clave en el reto demográfico para evitar la despoblación. Prevé actuaciones de energías eléctricas renovables (fotovoltaica) y la mejora de la eficiencia energética en envolvente térmica.

• **Helios: Movilidad Social y Responsable (Electric Sun Mobility S. Coop.). 114 miembros.**

Se trata de una comunidad energética creada a iniciativa de la cooperativa de consumidores Electric Sun Mobility (ESM) Sociedad Cooperativa (S. Coop), como una apuesta decidida por las energías renovables, la inclusividad y la transparencia, con la que ESM reinvierte sus beneficios en fondos de educación, formación y promoción cooperativa para impulsar la inclusión social, mediante el establecimiento de una red de recarga de la energía para vehículos eléctricos, al producir la energía donde se consume, lo que favorece el autoabastecimiento, basado en la autogestión a través de una App para la utilización de los puntos de recarga.

• **Comunidad Energética Villalonga (Coop. Agrícola Nuestra Señora de la Fuente Coop. V). 186 miembros.**

Su principal objetivo es el desarrollo y ejecución integral del proyecto de comunidad energética Villalonga.

• **Proyecto Comunidad Energética Local Valdelacalzada** 2022 Soleadas. 53 miembros.

Su principal objetivo es promover el proyecto conjunto de 5 instalaciones solares fotovoltaicas de autoconsumo en su término municipal, que permitan el abastecimiento de las instalaciones y viviendas de los socios de la misma.

• **Som Serveis Energètics**. 103 miembros.
El proyecto consiste en 3 actuaciones de producción de energía reno-vable eléctrica, en modalidad de autoconsumos colectivos, y una actua-ción de gestión de demanda, basada en el desarrollo o software para la optimización de las cuotas de autoconsumo.

• **Instalación Solar Fotovoltaica Para Autoconsumo Colectivo en Ur Beroa**. 503 miembros.
Su principal objetivo es la instalación solar fotovoltaica para auto-consumo y puntos de recarga de vehículos eléctricos para la comunidad energética Ur Beroa Sociedad Cooperativa.

• **Tek Zumarraga (Asociación Zumarragako Tokiko Energia Komuni-tatea - Tek Zumarraga)**. 178 miembros.
Se trata de un proyecto piloto singular de la Tek Zumarraga para la ampliación de los servicios energéticos avanzados que presta a sus miem-bros, con la incorporación de la recarga de vehículos eléctricos y la mo-vilidad sostenible.

• **Mas Pinos (Som Energia, Sociedad Cooperativa Catalana Limitada)**. 80.658 miembros.
Se trata de una Comunidad Energética de Acción Local en población de Tiurana que se proveerá de energía renovable de una planta fotovoltai-ca de 3,54 megavatios pico (MWp).

• **Comptem Crevillent (Cooperativa Eléctrica Benéfica San Francisco de Asís Coop. V.)**. 10.928 miembros.
Se trata de una Comunidad para la Transición Energética Municipal, con el objetivo de afrontar el reto de la transición energética desde la óp-tica local y de convertirse en "municipio verde", impulsando el concepto de comunidad energética local y renovable.

• **Comunidad Energética Cooperativa Efiduero Energy (Efiduero Ener-gy, SCEL)**. 165 miembros.
Se trata de una Sociedad Cooperativa Europea que representa un nuevo modelo de comunidad energética denominado "Modelo Energético Soste-nible", basado en la gestión eficiente, y que pretende garantizar el abaste-cimiento de electricidad a precios económicos y competitivos y un modelo de gestión participativo entre personas físicas, entidades locales municipales rurales, asociaciones y pymes de la zona, con dos actuaciones de "Produc-ción de energía renovable eléctrica" y de "Movilidad sostenible".

• **Asociación Smart Energy Gran Vega**. 307 miembros.

El proyecto Comunidad Comarcal Smart Energy Gran Vega (Conserve), se basa en la puesta en marcha de una Comunidad Energética Comarcal (CEC), que abarca varias poblaciones cercanas, algunas de ellas afectadas por el reto demográfico, promoviendo la aceptación social de las Comunidades Energéticas a partir de la colaboración público-privada.

• **Parquesolar (Eléctrica De Callosa De Segura, CLV)**. 537 miembros.

El proyecto a realizar es la Instalación de generación de energía eléctrica renovable "Parquesolar" mediante la instalación solar fotovoltaica de 2,42 megavatios (MW) con conexión a la red de distribución a 20 kilovatios (kV) propiedad de Distribución Eléctrica de Callosa de Segura, SLU empresa 100% participada también por Eléctrica de Callosa de Segura Coop. V.

Por su parte, y ya en el ámbito del soft law y de las recomendaciones, existen diversas guías[62] de definición de lo que debe entenderse (en opinión de los redactores de cada guía, claro está) como comunidad energética, siendo particularmente activo el Instituto para la Diversificación y el Ahorro Energéticos (IDAE). En múltiples guías o en su propia web[63] existe una prolífica definición de lo que entienden sus autores por Comunidad Energética Local, pero sin que esta definición tenga fuerza jurídica.

A pesar de ello, en dichas guías[64] quedan claros algunos conceptos por los que podrán avanzar las Comunidades Locales de Energía, partiendo del análisis de las principales actividades que se desarrollan en una Comunidad Energética, agrupándolas en las siguientes: (i) generación de energía que proceda de fuentes renovables; (ii) prestación de servicios de

---

[62] Como ya hemos señalado en un pie de página anterior, en España contamos con numerosos documentos de soft law sobre la materia, como son la *Guía para el desarrollo de instrumentos de fomento de comunidades energéticas locales*, publicada por el Instituto para la Diversificación y el Ahorro energético (IDAE, 2019); la *Guía para el impulso de comunidades energéticas con perspectiva municipal* (DIPUTACIÓN DE BARCELONA, 2021); o, la *Guía para la promoción pública de las comunidades energéticas* (DIPUTACIÓN DE VALENCIA, 2022). Además, hay guías elaboradas por asociaciones ambientales, destacando, por el exhaustivo análisis de las posibles figuras jurídicas existentes a la luz de la normativa estatal y autonómica aplicable, la "Guía Jurídica para la constitución de comunidades energéticas", del Instituto Internacional del Derecho y Medio Ambiente (IIDMA, 2022).

[63] https://www.idae.es/ayudas-y-financiacion/comunidades-energeticas.

[64] Entre ellas, destaca el documento del IVACE, que no es una Guía propiamente dicha, sino más bien un Plan. Se trata en concreto del *Plan de Fomento de las Comunidades Energéticas Locales en la Comunitat Valenciana*, de marzo de 2020.

eficiencia energética (incluyendo, por ejemplo, renovaciones de edificios); (iii) suministro, (iv) consumo, agregación y almacenamiento de energía y potencialmente (v) distribución y prestación de servicios de recarga de vehículos eléctricos o de otros servicios energéticos.

En todo caso hay que advertir que en la definición del IDAE que parte de este análisis casuístico más que normativo, es más restrictiva que la propia definición de la Comunidades Ciudadanas de Energía por parte de la Directiva, ya que en la Directiva sí se permite o se prevé que las Comunidades Ciudadanas de Energía pueda operar con energía no renovable.

Otras Guías muy interesantes son las dos publicadas por sendas Diputaciones, a saber, la de la Diputación de Barcelona en 2021, bajo el título de "Guía para el impulso de las Comunidades Energéticas con perspectiva municipal"[65], y la de la Diputación de Valencia en 2022, titulada *Guía para la promoción pública de las comunidades energéticas.*

Lo más relevante de dichas guías es que en las mismas se diferencia las Comunidades Energéticas de otros actores o figuras del sector energético como son el autoconsumo eléctrico, el desarrollo de redes eléctricas inteligentes, los modelos de negocio en generación distribuida, el almacenamiento de energía, las microrredes, la eficiencia energética en el sector industrial, la movilidad eléctrica, la eficiencia energética y las energías renovables en el sector residencial y de servicios.

Las principales diferencias con esas otras figuras afines pero distintas de las Comunidades Energéticas son las tres siguientes:

1. El propósito o finalidad: los ingresos y beneficios de estas actividades se destinan principalmente a proporcionar servicios y beneficios medioambientales o socio-económicos a los integrantes de la comunidad local o al área local.

2. La propiedad y control: los integrantes del proyecto (ciudadanos, empresas micro/pequeñas/medianas o autoridades locales) participan y ejercen el control estratégico y de dirección de la comunidad energética.

3. La Gobernanza: la toma de decisiones internas está basada en gobernanza democrática, asegurando que la "autonomía" de la comunidad se mantenga. Adicionalmente, las comunidades ener-

---

[65]   *VVAA* "Guía para el impulso de las Comunidades Energéticas con perspectiva municipal" Diputación de Barcelona". Diciembre de 2021:   https://www.diba. cat/documents/471041/361729804/Guia+Comunitats+Energe%CC%80ti ques+%28CAT%29+-+Diputaci%C3%B3+Barcelona.pdf/39ddf10a-e172- 4afc-5c0a-0cdd81c91557?t=1640016057307

géticas se prestan a colaboraciones público-privada-ciudadanas, modelo de gobernanza aún poco desarrollado en España.

En todo caso, y como quiera que con la figura que más se suelen identificar las Comunidades Energéticas es con la del Autoconsumo colectivo, merece la pena volver a incidir más aún en las diferencias entre ambas figuras (lo que ya hemos analizado en el apartado anterior de esta obra), que radican fundamentalmente en el hecho de que como es sabido, en nuestro Derecho interno, los miembros que integran el llamado "autoconsumo colectivo" de energía son cotitulares de unos derechos de uso y disfrute. Como muy bien explica HERRERA, no se trata de entidades con personalidad jurídica diferenciada de sus miembros, como en el supuesto de las Comunidades de Energías Renovables o Comunidades Ciudadanas de Energía, sino que su funcionamiento, a no ser que exista alguna disposición legal específica o imperativa, se regirá por el acuerdo de sus miembros y en su defecto por las normas relativas a la comunidad de bienes (arts. 392 a 406 del Código Civil). Ello no impediría que las personas consumidoras puedan organizar el autoconsumo colectivo a través de la figura de la comunidad energética que introduce la normativa comunitaria, siempre que la actividad se organice a través de una entidad legal que cumpla con los criterios establecidos en las definiciones de Comunidades de Energías Renovables y Comunidades Ciudadanas de Energía de la normativa comunitaria y que han sido analizados con anterioridad[66].

Por último, y sobre estas diferencias, es importante volver a insistir en la situación actual en España de libertad de adopción de la fórmula jurídica por la que canalizar estas figuras, ya que tal y como en todas las Guías se aclara, cualquier entidad jurídica puede usarse en España para crear una Comunidad Energética, mientras cumpla con los criterios establecidos en la Unión Europea, ya que en aplicación de las Directivas, los Estados Miembros pueden elegir cualquier forma jurídica, y sólo si el Estado Miembro concreto opta por limitar las comunidades energéticas a una figura jurídica específica, como podría ser el caso de las cooperativas en Grecia, sólo se podrían crear con esa figura y no con ninguna otra[67].

---

[66]   HERRERA, J., y NAVARRO RODRÍGUEZ, P., "Las comunidades energéticas como nuevo sujeto del Derecho Energético en España; del falanasterio a la transformación", *Anuario del Gobierno Local* Nº. 1, 2021 (Ejemplar dedicado a: Los Gobiernos locales ante el cambio climático), pp. 203-248.

[67]   Sobre las Comunidades Energéticas en Grecia, *vid., in extenso*, FAJARDO GARCÍA, G., y FRANTZESKAKI, M., "Las comunidades energéticas en Grecia", *REVESCO, Revista de Estudios Cooperativos*, vol. 137, 2021.

4. POSIBLES FIGURAS JURÍDICAS QUE PUEDEN ADOPTAR LAS COMUNIDADES ENERGÉTICAS EN ESPAÑA

Tal y como acabamos de señalar al final del apartado anterior, cualquier entidad jurídica puede usarse en España para crear una Comunidad Energética, mientras cumpla con los criterios establecidos en la Unión Europea, dado que así se permite en las dos Directivas y el Real Decreto Ley 23/2020 que transpone al Derecho interno español la figura de la Comunidad de Energías Renovables, y el Real Decreto-ley 5/2023, de 28 de junio, por el que se incorporan a la Ley del Sector Eléctrico la definición de las comunidades ciudadanas de energía, al definir éstas como entidades jurídicas en un sentido general. Dicho de otra forma: para crear una Comunidad Energética hoy por hoy (a la fecha de cierre de estas líneas) en España se requiere la constitución de una entidad jurídica de entre las permitidas y contempladas en el ordenamiento jurídico interno, que se ajusten al objeto y definición de este tipo de comunidades y permitan dotarlas de personalidad jurídica, pero no hay una limitación normativa sobre cuál deba ser esa entidad jurídica, como sí ocurre en algunos países de nuestro entorno, tal y como hemos visto en los apartados anteriores.

Y ello porque, al no haber transpuesto aún de forma completa en nuestro Derecho interno las dos Directivas del Paquete de Invierno en lo que se refiere a la constitución de las Comunidades Energéticas, hay que estar a lo que en las mismas se dice al respecto, cuyos principales considerandos en relación con esta cuestión citamos a continuación:

El Considerando 71 de la Directiva 2018/2001, señala que:

> *"Las características particulares de las comunidades locales de energías renovables en relación con su tamaño, su estructura de propiedad y el número de proyectos pueden obstaculizar su competitividad en igualdad de condiciones frente a actores a gran escala, es decir, frente a competidores que cuenten con proyectos o carteras de mayor envergadura. Por consiguiente, los Estados miembros deben tener la posibilidad de elegir cualquier forma de entidad para las comunidades de energías renovables, siempre y cuando dicha entidad pueda ejercer derechos y estar sujeta a obligaciones actuando en nombre propio".*

Y en el mismo sentido se expresa el Considerando 44 de la Directiva 2019/944, al establecer lo siguiente:

> *"La pertenencia a las comunidades ciudadanas de energía debe estar abierta a todas las categorías de entidades. No obstante, deben reservarse las competencias de decisión dentro de una comunidad ciudadana de energía a aquellos*

miembros o socios que no participen en una actividad económica a gran escala y por los que el sector de la energía no constituya un ámbito de actividad económica principal (...). Las normas referentes a las comunidades ciudadanas de energía no excluyen la existencia de otras iniciativas ciudadanas, como las que derivan de acuerdos de Derecho privado. Por lo tanto, los Estados miembros deben poder asignar cualquier tipo de entidad a las comunidades ciudadanas de energía, como por ejemplo, asociación, cooperativa, sociedad, organización sin ánimo de lucro o pyme, siempre que esta entidad pueda ejercer derechos y esté sujeta a obligaciones en nombre propio".

Por tanto, la naturaleza jurídica de las Comunidades Energéticas en España, hoy por hoy, puede ser tan variada como lo son las posibles figuras jurídicas que pueden ser utilizadas para vehiculizar el instrumento de la Comunidad Energética, ya que para crear una Comunidad Energética en España tan sólo es preciso, como requisito previo, constituir una entidad jurídica (o bien aprovechar la estructura de una entidad ya constituida) que se ajuste a las características de las Comunidades de Energías Renovables o las Comunidades Ciudadanas de Energía previstas en las Directivas y en la normativa de desarrollo interna (que como hemos señalado ya varias veces en esta obra, es aún parcial y no completa).

Así, en esta misma línea, el equipo redactor de la Guía para el impulso de las Comunidades Energéticas con perspectiva municipal de la Diputación de Barcelona, señala que *"la condición de Comunidad de Energías Renovables se puede entender como un vestido a lo que puede optar una entidad jurídica siempre y cuando ésta cumpla los requisitos establecidos en su definición (art. 6.1 de la Ley del Sector Eléctrico)*[68], es decir:

- Que respondan a una participación abierta y voluntaria, autónoma y efectivamente controlada por socios o miembros que estén situados en las proximidades de los proyectos de energías renovables que sean propiedad de estas entidades jurídicas y que éstas hayan desarrollado;
- Que los socios o miembros sean personas físicas, pymes o autoridades locales, incluidos los municipios.
- *Que el fin primordial sea proporcionar beneficios medioambientales, económicos o sociales a sus socios o miembros o en las zonas locales donde operen, en lugar de ganancias financieras".*

Aunque como muy bien se advierte en esa misma Guía, cabe la posibilidad de que en la futura normativa estatal que desarrolle las figuras de las Comunidades de Energías Renovables y las Comunidades Ciudadanas

---

[68]   VV.AA., *Guía para el impulso de Comunidades Energéticas con perspectiva municipal*, Diputación de Barcelona, febrero de 2021.

de Energía, se limite el tipo de vehículos o entidades jurídicas que pueden tomar la forma de una Comunidad de Energías Renovables o una Comunidad Ciudadana de Energía, lo que sería en nuestra opinión un claro error[69], ya que lo importante no debe ser el vehículo jurídico en sí mismo, sino el cumplimiento de los requisitos establecidos legalmente para estas dos figuras.

No obstante, hay que hacer notar que la Directiva 2019/944, del Mercado Interior de la Electricidad, tras reconocer plena libertad a los Estados para elegir el tipo de entidad jurídica de las Comunidades Ciudadanas de Energía, pone cinco ejemplos (asociación, cooperativa, sociedad, organización sin ánimo de lucro y PYME), a diferencia de la Directiva 2018/2001, de fomento de las energías renovables, que no pone ningún ejemplo.

Y a ello hay que añadir que el Comité Europeo de las Regiones también ha señalado, a modo de ejemplo, las siguientes figuras como posibles vestidos o vehículos jurídicos para la creación de las Comunidades Energéticas: *"Asociaciones con las autoridades locales (incluidas las asociaciones público-privadas), cooperativas, fundaciones comunitarias, sociedades de responsabilidad limitada, empresas sin ánimo de lucro gestionadas por los clientes, asociaciones inmobiliarias o propiedades municipales"*.

Por tanto, y siguiendo lo señalado por la profesora GONZÁLEZ RÍOS[70] y por el equipo redactor de la referida Guía de la Diputación de Barcelona, así como por las autoras del Informe Hispacoop[71], de entre todas las entidades jurídicas previstas y reguladas en el ordenamiento jurídico interno, y que podrían cumplir con los requisitos que definen una comunidad energética, se pueden incluir, sin ánimo de ser exhaustivos, las cooperativas, las asociaciones, las sociedades mercantiles o las agrupaciones de interés económico.

Veamos cada una de ellas con cierto detenimiento, para poder concluir al final del análisis cuáles de ellas son las figuras jurídicas más adecuadas para crear Comunidades Energéticas en España.

---

[69] En esa misma línea se expresa el equipo redactor de la Guía de la Diputación de Barcelona. *Vid., Guía para el impulso de Comunidades Energéticas con perspectiva municipal*, Diputación de Barcelona, febrero de 2021.

[70] *Vid.*, GONZÁLEZ RÍOS, I., "Las Comunidades Energéticas Locales (…)", ob., cit., p. 154.

[71] GONZÁLEZ PONS, E., y GRAU LÓPEZ, C., *Las cooperativas de consumo eléctricas y las comunidades energéticas*, Hispacoop y Ministerio de Trabajo y Economía Social, diciembre de 2021.

4.1. Los Consorcios locales

El consorcio como figura jurídica se regula como fórmula de coopera-ción en el art. 57 de la Ley 7/1985, Reguladora de las Bases de Régimen Local (LBRL) y en los arts. 118 a 127 de la Ley 40/2015, de Régimen Jurídico del Sector Público (LRJSP).

Más en concreto, el art. 118. 1 LRJSP los define como *"entidades de derecho público, con personalidad jurídica propia y diferenciada, creadas por varias administraciones públicas o entidades integrantes del sector público institucional, entre sí o con participación de entidades privadas, para el desarrollo de actividades de interés común a todas ellas dentro del ámbito de sus competencias".*

Si ponemos en conexión esta definición legal que incluye sus principa-les características, con los requisitos exigidos por las Directivas del paque-te de invierno en materia de Comunidades Energéticas, podemos concluir que la posibilidad de utilizar esta técnica institucional para la creación de una Comunidad Energética tiene pros y contras, que son los siguientes:

A favor de la utilización de esta fórmula jurídica para crear una Co-munidad Energética Local participada por una Administración local se encuentra el hecho de que en el consorcio puedan colaborar entidades privadas; aunque hemos de entender que han de hacerlo sin ánimo de lu-cro dado que, como ya hemos visto, las entidades privadas que participen en una Comunidad Energética no deben guiarse exclusivamente por un criterio de rentabilidad económica.

Además de ello, otros criterios como que la actividad principal no sea la intervención en la Comunidad de Energías Renovables; y la exigencia de su proximidad al proyecto en las Comunidades de Energías Renova-bles, contribuyen también a salvar la objeción de apertura a la competen-cia de los consorcios que pudieran crearse para gestionar una Comunidad Energética Local cuando intervengan entes privados.

En definitiva, la nueva configuración legal de los consorcios (que no exige que las entidades que participen en el mismo lo hagan sin ánimo de lucro, abriéndose la posibilidad de que intervengan empresas privadas, que solo respecto al correspondiente consorcio actúan sin tal ánimo lucra-tivo), acerca los Consorcios a las Comunidades de Energías Renovables, las cuales están abiertas a la participación de pymes.

Pero en contra tendríamos las siguientes cuestiones:

En primer lugar, la normativa reguladora de los consorcios no permite la intervención de personas físicas, como se prevé en el caso de las comu-nidades energéticas.

Además, y como señala muy certeramente CASTILLO BLANCO[72], la adscripción del consorcio a una de las Administraciones que participe en el mismo conllevaría el sometimiento del consorcio al régimen presupuestario, contable y de control del ente local en cuestión y a su inclusión en los correspondientes presupuestos del mismo, lo que provocaría asimismo la dificultad de cumplimiento de los principios de estabilidad presupuestaria y sostenibilidad financiera y de mejora en la eficiencia de la gestión pública que deben respetar los entes locales (*ex* art. 57, 2.º y 3.º LRBRL), y que desde la Ley 27/2013, de Racionalización y Sostenibilidad de la Administración Local, condiciona la creación de entes instrumentales a nivel local.

Y a esa dificultad habría que añadir la derivada del régimen de salida de su personal y su disolución, previsto en su normativa reguladora, que es muy diferente del recogido para las Comunidades Energéticas en las Directivas comunitarias cuando se refieren a que los consumidores deben tener el derecho a abandonar las Comunidades Energéticas Locales, teniendo en cuenta además, que respecto de los consorcios el abandono o salida se prevé para las Administraciones públicas o entidades privadas (no personas físicas).

Otro inconveniente es el hecho de que el consorcio se conciba como una entidad de cooperación interadministrativa, dotada de personalidad jurídica propia, *"cuyos fines suelen ser competencias concurrentes de las Administraciones públicas consorciadas"*, lo que lo convierte según GONZÁLEZ RÍOS (lo cual compartimos) en una técnica residual para gestionar servicios propios de una comunidad energética local[73].

Y ello, porque la exigencia de proximidad al proyecto de energías renovables, en el caso de Comunidades de Energías Renovables, por parte de sus miembros o socios dificulta la aplicación de esta fórmula interadministrativa. De hecho, en las Comunidades Energéticas, en la mayoría de los casos solo participará un municipio y la participación privada (vecinos y pymes) es de extraordinaria relevancia, no es algo residual o posible como ocurre en el consorcio. Ahora bien, tal y como aclara esa misma autora, dicha cooperación puede darse en el caso de actuaciones energéticas (suministro eléctrico mediante autoconsumo, prestación de servicios energéticos, recarga de vehículos, etc.) que afecten a edificios o espacios

---

[72]   CASTILLO BLANCO, F. A., "La nueva regulación de los consorcios públicos: interrogantes y respuestas sobre el régimen jurídico de su personal", en *Revista Vasca de Administración Pública*, núm. 99/100, 2014, pp. 887 y ss.

[73]   *Vid.*, GONZÁLEZ RÍOS, I., "Las Comunidades Energéticas Locales (…)", ob., cit., p. 157.

de titularidad de distintas Administraciones públicas, situados en proximidad. En esos casos sí que cabría esta fórmula jurídica del Consorcio.

Y además, el inconveniente de lograr la cooperación de varias Administraciones públicas para crear una Comunidad Energética Local puede salvarse desde el momento en que las tres Administraciones públicas territoriales tienen competencias en materia de protección del medio ambiente, que debe ser uno de los objetivos de cualquier Comunidad Energética, tal y como sostiene BARRERO RODRÍGUEZ[74].

Por tanto, cabe perfectamente la opción del Consorcio Local como vehículo jurídico para crear una Comunidad Energética, aunque habría que ponderar su idoneidad en cada caso concreto, para ver si es la fórmula jurídica que se ajusta más a los fines que se persiguen y a las características de cada proyecto en cuestión.

4.2. Las Cooperativas. Especial atención a las cooperativas de consumo eléctricas

Como hemos señalado con anterioridad, el modelo cooperativo ha sido el predominante en Dinamarca y muy ampliamente utilizado en Alemania. Y también se ha utilizado, aunque en menor medida, en Reino Unido.

De hecho, algunas de las características de las Comunidades de Energías Renovables (como son su carácter abierto, voluntario y autónomo) responden a los principios cooperativos de la Alianza Cooperativa Internacional, y precisamente por esta figura es por la que apuesta el Comité Económico y Social Europeo, que define las cooperativas de energía como "asociaciones voluntarias de un número ilimitado de miembros y dotadas de personalidad jurídica, cuyo objetivo es satisfacer las necesidades energéticas comunes a través de sus miembros".

En España, las Cooperativas se rigen por lo previsto en el marco normativo aplicable a las cooperativas a nivel autonómico, esto es, en las normas sobre cooperativas aprobadas por las Comunidades Autónomas, sin perjuicio de lo previsto con carácter básico (y por ende, común) en la Ley 27/1999, de 16 de julio, de Cooperativas, aplicable a las cooperativas que desarrollen su actividad en el territorio de varias CCAA o en las ciudades de Ceuta y Melilla. Y a la luz de las previsiones recogidas en

---

[74]   BARRERO RODRÍGUEZ, C., "Los consorcios administrativos ante el nuevo régimen jurídico" en Revista *Andaluza de Administración Pública*, núm. 94, 2016, pp. 57 y ss.

todo ese cuerpo normativo, parece claro que este tipo de entidad jurídica abre la puerta a la participación de una Entidad Local, en su condición de persona jurídica pública.

No obstante, y al igual que hemos señalado en el punto anterior respecto a los Consorcios locales, se deberá cumplir con el objetivo de estabilidad presupuestaria y de sostenibilidad financiera que establece el artículo 86 de la Ley 7/1985, de 2 de abril, Reguladora de las Bases del Régimen Local (LBRL), y lo que determina el apartado primero de la disposición adicional 9ª de la misma LBRL, introducida por la Ley 27/2013, de 27 de diciembre, de Racionalización y Sostenibilidad de la Administración Local, que señala lo siguiente:

> *"Las entidades locales del artículo 3.1 de esta Ley y los organismos autónomos dependientes de éstas no podrán adquirir, constituir o participar en la constitución, directa o indirectamente, de nuevos organismos, entidades, sociedades, consorcios, fundaciones, unidades y otros nos durante el tiempo de vigencia de su plan económico o de su plan de ajuste".*

Teniendo en cuenta este marco normativo, la doctrina que se ha ocupado específicamente de esta materia de las cooperativas[75], las ha definido como *"una agrupación voluntaria de personas con unos principios de organización corporativa y financiera peculiares..."* y que goza de personalidad jurídica.

Aquí, nuevamente, nos encontramos con pros y contras de poder utilizar la figura de las cooperativas como vehículo jurídico para constituir una Comunidad Energética.

Veamos esos pros y esos contras, siquiera de forma somera.

En su favor jugaría el hecho de que ciertas características de algunas cooperativas se identifican con las Comunidades Energéticas Locales, como por ejemplo el carácter voluntario de la asociación de personas, la satisfacción de necesidades económicas o sociales y la constitución de una actividad de propiedad conjunta.

En contra de esta opción estaría el hecho de que otras notas como "la ausencia de ánimo de lucro" de las Comunidades Energéticas es un rasgo que no se predica de todas las cooperativas, sino solo de algunas de ellas. Además, las cooperativas se crean para satisfacer las necesidades de sus socios, mientras que las Comunidades Energéticas Locales además realizan actividades que pueden (y deben) dar beneficios a la localidad

---

[75]   *Vid.*, por todos, VICENT CHULIÁ, F., "Introducción. Normas y ámbito de aplicación", en Tratado de Derecho de Sociedades Cooperativas, 2.ª edición (Dir. Peinado Gracia), Tirant Lo Blanch, Valencia, 2019, p. 92.

y al ente local, y estar abiertas al mercado, como pueden ser la venta de energía o la recarga de vehículos eléctricos.

Y tal y como muy certeramente señala la profesora GONZÁLEZ RÍOS[76], en el caso de optar por la Cooperativa como la fórmula jurídica para la creación de las Comunidades Energéticas en España, quedarían por aclarar cuestiones como la forma de actuar frente a la vulnerabilidad energética por parte de esas Comunidades Energéticas, planteándose esta autora preguntas que aún no tienen respuesta clara, como son las siguientes: ¿cómo se articularía el bono social?; ¿deben facilitarlo las Comunidades Energéticas Locales; o la situación de vulnerabilidad conlleva la salida del cliente vulnerable de este sistema de suministro eléctrico de origen renovable?

En todo caso, el formato de la cooperativa, es una opción ampliamente utilizada por las Comunidades Energéticas que se han ido creando hasta la fecha en España, tal y como veremos en el apartado siguiente, en aquellos casos en los que la Entidad Local no pretende jugar un rol preponderante en la Comunidad Energética Local, pero con esta figura jurídica puede operar con completa facilidad.

Por ello, y teniendo en cuenta que muchas de las actividades que pueden llevar a cabo las Comunidades Ciudadanas de Energía y las Comunidades de Energías Renovables quedan reservadas en nuestro ordenamiento, además de a otras formas jurídicas societarias, a las cooperativas de consumidores y usuarios, y más en concreto a las cooperativas de consumo eléctricas, toda vez de que éstas responden a unos principios y a unas reglas de funcionamiento acordes con los que las Directivas atribuyen a las comunidades energéticas, consideramos que, sin duda, la cooperativa de consumo se erige como una de las formas más idóneas para articular esos proyectos de Comunidades Energéticas[77]. Así lo ha manifestado expresamente REVUELTA PÉREZ, que ha señalado que en su opinión, *"parece que la cooperativa es la figura jurídica que menos inconvenientes plantea, a día de hoy, para constituir estas comunidades energéticas participadas por entes locales"*, tal y como se expone con bastante detalle en

[76]   *Vid.*, GONZÁLEZ RÍOS, I., "Las Comunidades Energéticas Locales (...)", ob., cit., pp. 155.

[77]   Así se recoge con más detalle en el Informe de GRAU LÓPEZ, C., *Las cooperativas de consumo eléctricas y las comunidades energéticas*, Hispacoop y Ministerio de Trabajo y Economía Social, diciembre de 2021.

el informe sobre Cooperativas de GRAU LÓPEZ, para la Revista Hispacoop, al que nos remitimos[78] de forma expresa.

4.3. Las Asociaciones

Las Asociaciones están previstas de forma implícita nada más y nada menos que en la norma suprema del Ordenamiento jurídico español, en concreto en el artículo 22 de nuestra Constitución, que reconoce el derecho de asociación, habiendo sido desarrollado por la Ley Orgánica 1/2002, de 22 de marzo, reguladora del Derecho de Asociación que, junto a tal derecho fundamental, regula la forma jurídica en la que se plasma la figura jurídica de la asociación. Dicha norma legal establece en su artículo 5.1 que "Las asociaciones se constituyen mediante acuerdo de tres o más personas físicas o jurídicas legalmente constituidas, que se comprometen a poner en común conocimientos, medios y actividades para conseguir unas finalidades lícitas, comunes, de interés general o particular, y se dotan de los Estatutos que rigen el funcionamiento de la asociación".

Y para completar el marco legal regulatorio de las Asociaciones a nivel nacional, hay que hacer mención, como no podía ser de otra forma, al artículo 35 del Código Civil, al incluir entre las personas jurídicas "1º [...] a las asociaciones y fundaciones de interés público reconocidas por la ley" como a "2º Las asociaciones de interés particular, sean civiles, mercantiles o industriales, a las que la ley conceda personalidad propia, independiente de la de cada uno de los asociados", estableciendo el artículo 36 que "se regirán por las disposiciones relativas al contrato de sociedades, según la naturaleza de éste".

Asimismo, señala en su artículo 2.2 que "el derecho de asociación comprende la libertad de asociarse o crear asociaciones, sin necesidad de autorización previa", que "nadie puede ser obligado a constituir una asociación, a integrarse en ella o a permanecer en su seno, ni a declarar su pertenencia a una asociación legalmente constituida" (artículo 2.3) y que su organización interna y el funcionamiento "deben ser democráticos, con pleno respeto al pluralismo" (artículo 2.5).

Por otra parte, su artículo 13 establece que "Las asociaciones deberán realizar las actividades necesarias para el cumplimiento de sus fines, si bien habrán de atenerse a la legislación específica que regule tales activi-

---

[78]   GRAU LÓPEZ, C., *Las cooperativas de consumo eléctricas y las comunidades energéticas*, Hispacoop y Ministerio de Trabajo y Economía Social, diciembre de 2021.

dades", añadiendo que *"los beneficios obtenidos por las asociaciones, derivados del ejercicio de actividades económicas, incluidas las prestaciones de servicios, deberán destinarse, exclusivamente, al cumplimiento de sus fines, sin que quepa en ningún caso su reparto entre los asociados ni entre sus cónyuges o personas que convivan con aquéllos con análoga relación de afectividad, ni entre sus parientes, ni su cesión gratuita a personas físicas o jurídicas".*

A la luz de todo lo anterior, podemos concluir que la asociación puede ser una forma jurídica adecuada para articular una Comunidad Ciudadana de Energía o una Comunidad de Energías Renovables, dado que su regulación parece cumplir con los requisitos exigidos por las Directivas 2018/2001 y 2019/944.

Sin embargo, y como cuestiones a tener en cuenta en contra de esta opción está el hecho de que, si la Comunidad Ciudadana de Energía o la Comunidad de Energías Renovables se proponen desarrollar actividades de distribución o de comercialización, en un principio no podrían adoptar la forma de asociación, ya que la legislación española vigente al cierre de estas líneas, reserva estas actividades a las sociedades mercantiles y a las cooperativas de consumo.

En cuanto a la posibilidad de que lo que se constituya sea una Comunidad Energética Local, hay que estar a lo previsto en la normativa reguladora de las Entidades Locales en España para las Asociaciones, que sintetizamos a continuación:

Por una parte, el artículo 72 de la LBRL señala lo siguiente:

> *"Las Corporaciones locales favorecen el desarrollo de las asociaciones para la defensa de los intereses generales o sectoriales de los vecinos, les facilitan la más amplia información sobre sus actividades y, dentro de sus posibilidades, el uso de los medios públicos y el acceso a las ayudas económicas para la realización de sus actividades e impulsan su participación en la gestión de la Corporación (…). A estos efectos pueden ser declaradas de utilidad pública".*

Así, la previsión de este artículo cuando habla del "uso de medios públicos", podría incluir la cesión de uso de tejados y cubiertas de edificios de titularidad municipal para la instalación de sistemas de energía solar fotovoltaica, mediante una concesión de uso privativo en el caso de bienes de dominio público (art. 59 del Decreto 336/1988, de 17 de octubre, por el que se aprueba el Reglamento del patrimonio de los Entes Locales, "RPEL") o una cesión de uso en el caso de bienes patrimoniales (art. 49 RPEL).

Además, hay que tener en cuenta que las Entidades Locales también podrán establecer convenios de colaboración con estas Comunidades

Energéticas, de acuerdo con lo establecido en el artículo 47.2.c) de Ley 40/2015, de 1 de octubre, de Régimen Jurídico del Sector Público. Por lo que respecta a los requisitos de validez y eficacia de los convenios, el artículo 48.3 de la misma Ley señala que:

> *"La suscripción de convenios deberá mejorar la eficiencia de la gestión pública, facilitar el uso conjunto de medios y servicios públicos, contribuir a la realización de actividades de utilidad pública y cumplir con la legislación de estabilidad presupuestaria y sostenibilidad financiera".*

Por tanto, y como conclusión, podemos decir que cabe perfectamente el uso de una asociación, especialmente para la creación de una Comunidad Energética Local, siempre que sea para las actividades antes señaladas, o para la suscripción de un convenio de colaboración local entre la Entidad Local y la Comunidad Energética que se constituya y que quiera realizar actividades de distribución y/o comercialización.

4.4. *Las Sociedades Mercantiles o Empresas*

Como ya hemos visto con anterioridad, la definición de Comunidad de Energías Renovables exige que los socios o miembros de éstas sean personas físicas, pymes o autoridades locales. Por tanto, resulta evidente que, en el caso de intentar utilizar sociedad mercantil como vehículo para crear una Comunidad de Energías Renovables, ésta deberá tener la condición de Pequeña y Mediana Empresa ("PYME")[79].

El concepto de "PYME" engloba las microempresas y las pequeñas y medianas empresas de acuerdo con lo dispuesto en el Anexo 1 del Reglamento (UE) núm. 651/2014 de la Comisión, de 17 de junio de 2014, por el que se declaran determinadas categorías de ayudas compatibles con el mercado interior.

Éste Reglamento considera empresa toda aquella entidad que, independientemente de su forma jurídica, ejerza una actividad económica.

Según el artículo 2 del Anexo 1 del citado Reglamento:

– Son microempresas aquellas que ocupan a menos de 10 personas y tienen un volumen de negocios anual o cuyo balance general anual no supera los 2 millones de euros.

---

[79] Así se recoge también en el Informe de GRAU LÓPEZ, C., *Las cooperativas de consumo eléctricas y las comunidades energéticas*, Hispacoop y Ministerio de Trabajo y Economía Social, diciembre de 2021.

- Son pequeñas empresas aquellas que ocupan a menos de 50 personas y cuyo volumen de negocios anual o cuyo balance general anual no supera los 10 millones de euros.
- Y finalmente, son medianas empresas aquellas que ocupan a menos de 250 personas, las cuales tienen un volumen de negocios anual no excede de 50 millones de euros o un balance general anual que no excede de 43 millones de euros.

Así pues, el concepto de pyme incluye claramente las sociedades de capital establecidas en el Real Decreto-Legislativo 1/2010, de 2 de julio, por el que se aprueba el texto refundido de la Ley de Sociedades de Capital (en adelante, "LSC "), en tanto que éstas se constituyen precisamente para ejercer una actividad económica.

De entre las sociedades de capital previstas por la LSC, la que más se adecua al concepto de PYME es la sociedad de responsabilidad limitada (SL), ya que permite, entre otras cosas, (i) limitar la responsabilidad de los socios a sus aportaciones; (ii) establecer una gran libertad de pactos y acuerdos entre los socios; (iii) la aportación de un capital social mínimo muy inferior a la exigida en otras sociedades de capital (3.000 €); y (iv) no limita el número de socios.

Así, las características de una SL coincidirían también con los requisitos que exige la definición de Comunidad de Energías Renovables, en el sentido de que no limitaría la participación a un número de socios concreto, permitiría una gobernanza de la entidad pactada conjuntamente entre todos los miembros de ésta y podría condicionar la entrada sólo a aquellas personas que se encontraran dentro de las proximidades del proyecto, protegiendo esta configuración con la aprobación o modificación de los estatutos de la entidad.

En concreto, y centrándonos en la posible participación de una Entidad Local en una SL, el propio artículo 128.2 de la Constitución Española reconoce la iniciativa pública en la actividad económica. Esta iniciativa a nivel local, toma forma en el artículo 86 de la LBRL, donde se establece que las entidades locales podrán ejercer la iniciativa pública para el desarrollo de actividades económicas, siempre que se garantice el cumplimiento del objetivo de estabilidad presupuestaria y de sostenibilidad financiera del ejercicio de sus competencias. Asimismo, el artículo 243.3 de la LMRLC y el artículo 137.1 del ROAS determinan que las actividades económicas que lleven a cabo los entes locales en régimen de libre concurrencia pueden realizarse mediante la forma de sociedad mercantil de capital mixto (público y privado).

Veamos cada una de esas dos opciones:

A) La Empresa Pública

La primera opción a tener en cuenta es la posible creación de una Comunidad Energética Local como empresa pública.

Pero lo primero a valorar es que, como ya hemos señalado en varias ocasiones, las Comunidades Energéticas Locales no pueden tener como objetivo principal generar una rentabilidad económica con la actividad que desarrollen, a lo que se une que las Comunidades Energéticas no están abiertas a grandes empresas ni a compañías que desarrollen su actividad principal en el sector de la energía; sino que fundamentalmente deben permitir la participación de pymes y ciudadanos.

Y todas estas exigencias casan mal con los requisitos que derivan de la legislación de régimen local para ejercer la iniciativa pública en la actividad económica. Es más, el hecho de que las actividades que puede realizar una Comunidad Energética Local se encuentren liberalizadas (producción, suministro, etc., de electricidad) impondría obligatoriamente (*ex lege*) que su prestación deba realizarse a través de una empresa mixta, participada por un ente local.

B) La Empresa Local de Capital Mixto.

Esta opción está basada en que la iniciativa pública puede recaer sobre *"cualquier tipo de actividad que sea de utilidad pública y se preste dentro del término municipal y en beneficio de sus habitantes"* (art. 96 TRRL). Esa iniciativa pública, además de poder ejercerse de forma directa mediante sociedad mercantil de capital público (art. 85 ter de la LBRL y art. 103 del TRRL), puede adoptar la forma de empresa local de capital mixto.

Al respecto, el art. 104 del TRRL dispone que la Entidad local podrá utilizar *"las formas de sociedad mercantil o cooperativa cuyo capital social solo parcialmente pertenezca a la Entidad"*; en el acuerdo constitutivo se establecerán las especialidades estructurales y funcionales.

En todo caso, también hay que aclarar que, aunque la sociedad de economía mixta se ha suprimido como forma de gestión indirecta de los servicios públicos en la legislación de contratación del sector público, aún sigue vigente como fórmula institucional de colaboración público-privada, por lo que podría utilizarse como vehículo jurídico para la constitución de una Comunidad Energética.

En concreto, habría que optar por una **Sociedad Limitada sin ánimo de lucro subjetivo.**

El artículo 137 del ROAS señala que a la entidad constituida le será de aplicación *"lo que establece el Título 6 de este Reglamento sobre las formas de gestión de los servicios públicos locales, atendido el tipo de entidad, con las debidas adaptaciones a la naturaleza de la actividad de que se trate".*

Así pues, y siguiendo lo previsto en dicho Título, podemos señalar tres premisas a tener en cuenta para determinar el régimen jurídico aplicable en la sociedad mercantil de capital mixto que se constituyese en su caso como vehículo jurídico para la Comunidad Energética en cuestión:

a) Aunque diversas reformas legislativas han modificado las formas de gestión indirecta, entre las cuales se encontraba la de la sociedad mercantil de capital mixto, esto no afecta a la potestad del municipio, en virtud del artículo 137.1 del ROAS, de canalizar el ejercicio de la actividad económica por medio de una sociedad de estas características. Ahora bien, ante la carencia de regulación expresa en el título 4º del ROAS (en lo referente al ejercicio de actividades económicas por los entes locales) respecto del procedimiento de creación de una sociedad mercantil de capital mixto, entendemos que habría que basarse en lo que dispone el artículo 283 del ROAS, que prevé la necesidad de asegurar la libre concurrencia, tal y como se verá a continuación.

b) En base a lo anterior, habrá que tener en cuenta que, en atención a su forma jurídica, a la sociedad mercantil le será de aplicación en gran parte lo previsto en el Real Decreto Legislativo 1/2010, de 2 de julio, por el que se aprueba el texto refundido de la Ley de Sociedades de Capital (en adelante, "LSC"). A pesar de que la LSC no contiene ninguna disposición u obligación relacionada con la observancia del principio de libre concurrencia en la elección de los socios, sí que permite establecer mecanismos que pueden ser útiles en la hora de articular la participación de varios socios en una sociedad mercantil (de acuerdo con el artículo 94 de la LSC es posible conferir y otorgar derechos diferentes a los socios, sin que ello sea en perjuicio de asegurar la igualdad de oportunidades del capital privado).

c) El régimen jurídico a aplicar a la entidad que se constituya como Comunidad Energética, vendrá también determinado por la naturaleza de la actividad que se pretenda ejercer, lo cual deberá recogerse expresamente en los estatutos sociales. Y a este respecto hay que recordar que, en el caso que nos ocupa, el objeto de la sociedad deberá corresponderse con todas aquellas actividades vinculadas a la figura de la Comunidad Ciudadana de Energía, previstas en la Directiva (UE) 2019/944 que las regula, y donde se prevé tanto la participación de autoridades locales, así como de personas físicas y jurídicas.

Por su parte, y como ya hemos indicado con anterioridad, en cuanto al procedimiento de creación de una sociedad mercantil de capital mixto, hay que atender a lo que dispone el artículo 283 del ROAS, que señala lo siguiente:

"283.1 Las sociedades de economía mixta se pueden instituir por alguno de los procedimientos siguientes:

a) Por la adquisición por el ente local de acciones o participaciones de sociedades ya constituidas o por suscripción de ampliaciones de capital.

b) Mediante el convenio con una sociedad única ya existente, el cual tiene que establecer las modificaciones estatutarias que sean necesarias o, si se tercia, los requisitos y las condiciones convenientes para la constitución de la sociedad de responsabilidad limitada o anónima cuando la sociedad preexistente tenga otra forma jurídica.

c) Por la fundación de la sociedad con participación del ente local, mediante suscripción pública o por concurso de iniciativas, casos en los cuales se tiene que asegurar la libre concurrencia y la igualdad de oportunidades del capital privado".

Por tanto, y a la luz de todo lo anterior, podemos afirmar que esta figura jurídica también es perfectamente aplicable a la constitución de una Comunidad Energética. Pero parece claro que en el caso de la creación de una nueva sociedad en la que se prevea que participe parcialmente una Entidad Local, habrá que asegurar la libre concurrencia y la igualdad de oportunidades del capital privado desde un inicio.

4.5. Las Agrupaciones de interés económico

Las agrupaciones de interés económico están reguladas en la Ley 12/1991, de 29 de abril, de Agrupaciones de Interés Económico (en adelante también "LAIE").

De acuerdo con esta norma, tienen personalidad jurídica y carácter mercantil, y su finalidad es la de facilitar el desarrollo o mejorar los resultados de la actividad de sus socios (art. 2.1 LAIE), por lo que en un principio las agrupaciones de interés económico no tienen ánimo de lucro para sí mismas (así se dice expresamente en el art. 2.2 LAIE), y podrían encajar perfectamente como vehículos jurídicos para las Comunidades Energéticas.

Este tipo de entidades sólo podrán ser constituidas por personas físicas o jurídicas que desarrollen actividades empresariales, por entidades no lucrativas dedicadas a la investigación y por quienes ejerzan profesiones liberales (Art. 4 LAIE).

Como cuestión a favor de poder utilizar esta fórmula jurídica para la creación de una Comunidad Energética, estaría el hecho de que sería adecuada para su utilización, por ejemplo, por un grupo de empresas de un polígono industrial con la voluntad de reducir sus costes energéticos y mejorar la eficiencia energética de sus procesos productivos, lo que encajaría con los requisitos de la definición de Comunidad de Energías Renovables.

Pero tiene en contra lo previsto en el artículo 141.1 del ROAS, que limita la colaboración pública para este tipo de entidades, al señalar lo siguiente:

> *"Las sociedades y los organismos autónomos de carácter industrial, comercial o financiero dependientes de las entidades locales pueden constituir, entre sí o con sociedades y organismos dependientes de otra entidad local o administración, agrupaciones de interés económico, sin ánimo de lucro, con el fin de facilitar el desarrollo o mejorar los resultados de su actividad".*

Por lo tanto, este tipo de entidades no encajan totalmente con los requisitos de participación abierta y voluntaria tanto de personas físicas como de PYMES y de entidades locales, que exigen las definiciones de Comunidades de Energías Renovables y Comunidades Ciudadanas de Energía.

4.6. *Las Corporaciones de Derecho Público*

Como explica la profesora GONZÁLEZ RÍOS, bajo el término "Corporaciones de derecho público" la doctrina científica engloba a entidades de base privada a las que la Ley les atribuye el ejercicio de ciertas funciones públicas[80].

Estas entidades de base asociativa se rigen por el Derecho Administrativo en cuanto ejercen funciones administrativas (y solo respecto de estas funciones), aplicándose en el resto de su actividad y funcionamiento el derecho privado.

Como ejemplo típico de este tipo de entidades tenemos a los Colegios Profesionales y las Cámaras de Comercio, Industria y Navegación, así como las Entidades Urbanísticas de Conservación y de las Comunidades de Regantes.

Todas ellas son entidades de base asociativa privada, que se centran en la defensa de los intereses de sus miembros, pero que tienen carácter de corporaciones de derecho público, por lo que pueden dictar verdaderos actos administrativos que son fiscalizables por la Administración de la que dependen.

---

[80] *Vid.*, GONZÁLEZ RÍOS, I., "Las Comunidades Energéticas Locales (…)", ob., cit., p. 155.

A favor de que se pueda utilizar esta figura como vehículo jurídico para crear Comunidades Energéticas, tendríamos (siguiendo el estudio realizado por la profesora GONZÁLEZ RÍOS, al que nos remitimos) que las Comunidades Energéticas Locales:

- Integran a ciudadanos y empresas, constituyéndose en una entidad de base privada, cuya finalidad es la defensa de los intereses (energéticos, ambientales y económicos) de sus miembros;
- Ejercen una actividad económica, aunque debe estar guiada por la ausencia de ánimo de lucro;
- Su conexión con el municipio, lo que las asimila a las Comunidades Energéticas Locales con las entidades urbanísticas de Conservación, ya que ambas pueden agrupar a personas físicas o empresas privadas y su función es colaborar con la Administración municipal, bajo cuya tutela podrían ser creadas; y
- El carácter administrativo de las Entidades Urbanísticas de Conservación podría también predicarse de aquellas, para lo cual la asignación de funciones públicas, como la consecución de objetivos medioambientales y económicos favorables para el municipio, podrían justificar dicha naturaleza jurídica.

En contra de la posible configuración de una Comunidad Energética Local como Corporación de derecho público tendríamos:

- Se requeriría de una Ley que las crease como tales Comunidades Energéticas Locales y les atribuyera funciones públicas;
- Dicha Ley tendría que determinar como ámbito territorial de actuación el municipio, por las propias características de actuación de las Comunidades Energéticas Locales; y
- No estaría bien encajada la adscripción de sus miembros, que conforme a la regulación que hace la UE de las Comunidades Energéticas Locales no podría ser obligatoria (aunque este último inconveniente no es óbice para su creación, como lo ha demostrado la ausencia de tal requisito en otras entidades afines o similares).

Recapitulación:

La mayoría de la doctrina que se ha ocupado del análisis del régimen jurídico existente en España en materia de Comunidades Energéticas, se decanta por una u otra opción jurídica como vehículo jurídico para la constitución de una de estas figuras. De todos esos análisis, queremos destacar los dos siguientes:

– Por un lado, la Profesora GONZÁLEZ RÍOS realiza una propuesta muy interesante, basada en la naturaleza sui generis de las Comunidades de Energía, por lo que en opinión de esta autora, esto debería traducirse en un régimen jurídico mixto (público/privado), predominando su naturaleza pública y por tanto, bajo el liderazgo de los entes locales[81].

– Y frente a ello, la Profesora GALLEGO CÓRCOLES defiende que, dado que las Comunidades Energéticas están llamadas a ser operadores de mercado, su sometimiento a un régimen jurídico público (aunque sea mixto), en su opinión, no es la opción más idónea, por lo que esta autora defiende que la opción más razonable es que las Comunidades Energéticas coincidan con las formas jurídicas ya presentes en nuestro ordenamiento jurídico, sin perjuicio de que, en su caso, deban realizarse algunas adaptaciones menores[82].

En nuestra opinión, y siguiendo en gran medida lo planteado por GALLEGO CÓRCOLES, todas las figuras antes estudiadas podrían ser utilizadas como vehículos para crear una Comunidad Energética, pero todas tienen pros y contras, por lo que habrá que estudiar caso por caso cuál interesa más para cada realidad concreta a la que se quiera dar respuesta utilizando el vehículo jurídico en cuestión.

---

[81] GONZÁLEZ RÍOS, I., "Las Comunidades Energéticas Locales (…)", ob., cit., p. 156 y ss.
[82] GALLEGO CÓRCOLES, I., *Comunidades de energía y transición energética*, Thomson Reuters Aranzadi, 2022, punto 6.2 de su Capítulo V.

5. EXPERIENCIAS DIVERSAS EN ESPAÑA HASTA LA FECHA. ALGUNOS CASOS PRÁCTICOS Y LAS FIGURAS JURÍDICAS UTILIZADAS

Una vez analizadas las posibles figuras jurídicas que pueden revestir las Comunidades Energéticas en España, hemos de decir que, además de las 18 Comunidades Energéticas de más de 50 miembros que aparecen en el mapa o visor de Comunidades Energéticas del IDAE (a las que ya hemos hecho una referencia somera con anterioridad), entendemos que resulta relevante poner el acento en otras experiencias, que vamos a desarrollar a continuación con cierto detalle[83].

5.1. *Enercoop. La pionera en España*

La cooperativa eléctrica benéfica San Francisco de Asís de Crevillent, empresa matriz del grupo Enercoop Enercoop, cooperativa de la ciudad de Crevillent, Alicante, es el claro ejemplo de Comunidad Energética Local en España, dado que se trata de una experiencia consolidada y exitosa.

Esta Cooperativa nace en enero de 1925, jugando entonces una gran importancia el papel industrial de la población.

Se trata de un actor energético de primer orden en la ciudad desde hace años. Su posición de dominio se basa en su rol de distribuidora en la ciudad, pudiendo operar también en comercialización y en generación. Los criterios que impuso Cooperativa, comprar energía al por mayor para distribuirla al por menor son la clave de su éxito. De hecho, desde Enercoop se presume hoy en día de *ofrecer "a sus socios domésticos el precio más barato de la luz en España. Y, además, lo hace con el servicio más cercano, con una atención directa y personal en sus oficinas abiertas a*

---

[83] Basándonos sobre todo en lo previsto ya por HERRERA, J., y NAVARRO RODRÍGUEZ, P., "Las comunidades energéticas como nuevo sujeto del Derecho Energético en España; del falanasterio a la transformación", *Anuario del Gobierno Local* N°. 1, 2021 (Ejemplar dedicado a: Los Gobiernos locales ante el cambio climático), pp. 203-248; y por MENÉNDEZ SÁNCHEZ, J., y FERNÁNDEZ GÓMEZ, J., *Comunidades Energéticas. Casos de estudio*, Cuadernos Orkestra N° 5, Instituto Vasco de Competitividad, 2022, pp. 32 a 65. También hemos extraído alguna información de la web https://comunidadesenergeticas.org/

diario, donde los profesionales de la entidad resuelven todas las consultas de sus socios".

Ese carácter abierto y voluntario se garantiza por su característica de cooperativa, en el que cada cooperativista es un voto en la misma.

Sus principales actividades en materia de generación se centran en: una minicentral hidroeléctrica en Calasparra, la participación en varias sociedades con instalaciones de este tipo en Portugal, el desarrollo del Parque Solar Fotovoltaico de El Realengo, que es uno de los más importantes de España, y sus instalaciones fotovoltaicas, tanto en su sede social como en las distintas dependencias.

Entre todos estos centros de producción energética generan más electricidad de la que consumen todos sus socios, de forma que todos los habitantes de Crevillent consumen energía eléctrica 100% limpia y con el precio más bajo del mercado eléctrico.

Y es este marco en el que Enercoop decidió contar con la iniciativa de **Comptem** (Contamos en valenciano), para la creación de una de las primeras Comunidades Energéticas Locales de España, primero con el **fomento del autoconsumo** a través de **instalaciones fotovoltaicas colectivas** que se han instalado tanto en edificios públicos, contando con la colaboración del Ayuntamiento, como en bloques de comunidades de vecinos. Como se describe en su propia web[84], *"Será Enercoop quien aporte la inversión y ejecute los proyectos. A cambio de la utilización de las cubiertas para generar energía, los vecinos podrán reducir de forma considerable su factura eléctrica".*

En lo que se refiere al retorno social, esta iniciativa destaca por tener una obra social notable en el municipio de Crevillent. De hecho, el proyecto se basa en un acuerdo entre Enercoop y el Ayuntamiento, en el que lo más relevante el carácter divulgativo del mismo, explicando en paneles informativos en la ciudad las pautas de consumo, las puntas de generación y demanda, haciendo de la energía un vector de transformación en la ciudad. Y todo ello, con el acompañamiento de una aplicación para el apoyo en el elemento compartido de la propuesta.

Sin lugar a dudas, la experiencia de Enercoop es la iniciativa de Comunidad Energética Local más avanzada en todo el Estado, aunque en cierto modo es lógico, dado que es una experiencia que se basa en una realidad preexistente, con todo el conocimiento del sector energético, en manos de una forma jurídica como es la cooperativa, y con gran complicidad con el mundo local. Enercoop es sin lugar a dudas un ejemplo ideal al que se

---

[84]   https://www.grupoenercoop.es/

quisiera llegar por parte de otras iniciativas más incipientes o impulsadas por entidades locales más pequeñas o cooperativas más recientes, pero la cuestión es, como muy bien ha señalado HERRERA, cómo avanzar hacia un modelo de estas características sin un marco normativo alineado y con certidumbres[85].

5.2. *Algunas otras experiencias cooperativas*

En los últimos años, hemos asistido a la proliferación de diversas experiencias cooperativas, que han permitido que diferentes cooperativas, agrícolas y de consumo eléctrico, pero también cooperativas de otra índole, se constituyan como Comunidades Energéticas Locales.

En el dominio comunidadesenergeticas.org se pueden consultar y conocer múltiples ejemplos de comunidades de pequeñas dimensiones vinculadas a Comunidades Energéticas, constituidas mayoritariamente como cooperativas, vinculadas a la cooperativa de servicios energéticos EMASP.

El reto en estos casos está siendo el de poder ir más allá de las experiencias de autoconsumo compartido, pudiendo introducir elementos de gestión de la demanda, estrategias de ahorro, penetración de sistemas de frío y de calor que permitan aprovechar el autoconsumo generado.

De entre todas estas experiencias, podemos destacar la de la **Comunidad de la Sierra**[86], en Álava, a partir de la iniciativa de su Entidad Local (en su caso a través de su Junta local).

Otro ejemplo de un actor que en la Comunidad Valenciana ha impulsado múltiples proyectos e iniciativas en formato de cooperativa es el de SAPIENS[87].

Las experiencias son diversas, en **Canet de Berenguer, Alzira, Albalat dels Sorells, Racó de Mar (Canet), Llíria, Fontanar dels Alforins.**

En todos estos casos se trata de la creación de una Comunidad de Energética en formato de Cooperativa, garantizando siempre el carácter de participación abierta y voluntaria, vinculada a proyectos de autoconsumo compartido.

---

[85]   HERRERA, J., y NAVARRO RODRÍGUEZ, P., "Las comunidades energéticas como nuevo sujeto del Derecho Energético en España; del falansterio a la transformación", *Anuario del Gobierno Local* Nº. 1, 2021 (Ejemplar dedicado a: Los Gobiernos locales ante el cambio climático), pp. 203-248.

[86]   https://comunidadesenergeticas.org/lasierra/

[87]   https://sapiensenergia.es/somossapiens/.

5.3. El Prat de Llobregat, el liderazgo municipal

En el caso del Prat de Llobregat nos encontramos en un caso distinto. Se trata de una Ciudad metropolitana, de tamaño medio, con 65.000 habitantes, con un casco urbano denso y con amplias zonas de polígonos industriales. En el histórico de la ciudad no está el poder haber operado en los mercados eléctricos, aunque es relevante tener en cuenta que en la ciudad sí que existe una tradición en el suministro de agua por parte de una empresa pública municipal: Aigües del Prat.

En este caso existe la voluntad no tanto de crear múltiples Comunidades Energéticas Locales en torno a las diferentes experiencias de autoconsumo, sino una única Comunidad Energética Local en el ámbito de todo el municipio, ofreciendo en un primer momento servicios energéticos al sector doméstico y comercios, y en un segundo momento a los sectores industriales y empresas ubicadas en polígonos de actividades económicas.

En lo que se refiere al modelo de negocio, la previsión del propio Ayuntamiento era comenzar con el autoconsumo compartido en un primer momento para después poder ir entrando en la gestión de la demanda, servicios de agregación y mercados de flexibilidad o movilidad compartida. Pero para ello ya se precisa tener cierta dimensión y músculo.

Son especialmente relevantes los pasos que se han tenido que seguir en el proceso de constitución de la Comunidad Energética Local por parte del Ayuntamiento del Prat de Llobregat, que en primer lugar encargaron la elaboración de una Memoria Técnica y Económica, donde se explican los motivos por los cuales se opta por la opción de la Comunidad Ciudadana de Energía, así como la figura jurídica concreta, la de la **Sociedad Limitada sin ánimo de lucro subjetivo,** dado que la iniciativa responde a la iniciativa pública del propio Ayuntamiento para ejercer una actividad económica y se establece que tendrá por objeto participar en las actividades y servicios asociados a las Comunidades Ciudadanas de Energía, tales como la generación de electricidad de origen renovable, la distribución, el suministro, el consumo, la agregación, el almacenamiento, la prestación de servicios de eficiencia energética, la prestación de servicios de recarga para vehículos eléctricos u otros servicios energéticos, conforme al previsto en la Directiva (UE) 244/2019 reguladora de la figura de las Comunidades Ciudadanas de Energía. El marco jurídico para iniciar el trámite se ha amparado en las propias Directivas aprobadas.

Así, en la Memoria se concluye que no se trata de la prestación de un servicio público local en los términos previstos en el artículo 25 de la Ley de Bases del Régimen Local, sino del ejercicio de una actividad económica en régimen de libre concurrencia, en virtud del establecido en el artículo 128.2 de la Constitución, el artículo 86.1 de la Ley 7/1985, de 2 de abril, Reguladora de las Bases del Régimen Local (LBRL), y el artículo 243 del Decreto Legislativo 2/2003, de 28 de abril, por el cual se aprueba el Texto refundido de la Ley Municipal y de Régimen Local de Cataluña (en lo sucesivo, "TRLMRLC").

Por ello, y como ya hemos adelantado, la **fórmula jurídica adoptada** para canalizar esta iniciativa ha sido muy meditado, teniendo en cuenta los pros y los contras de todas las opciones, y habiéndose decantado finalmente por la opción de la **Sociedad Limitada sin ánimo de lucro subjetivo.**

Las otras dos opciones más barajadas fueron la del consorcio local (que se descartó dado que con el mismo difícilmente tendrían cabida la participación abierta y voluntaria que exige la Directiva); y la cooperativa (que también se descartó, ya que difícilmente encajaría con una participación relevante y significativa que pretendía tener el propio Ayuntamiento).

Por ello, finalmente se decantaron por la fórmula jurídica de una Sociedad Limitada, pero no una SL normal, sino una SL sin ánimo de lucro subjetivo. Es decir, una SL con un mecanismo que garantizase la participación abierta y voluntaria, así como la garantía que el control efectivo de la Comunidad Ciudadana de Energía lo tuviese el ente local, la ciudadanía o pequeñas y medianas empresas, y que el retorno se destine principalmente a beneficios sociales y ambientales para la ciudad.

En esta Comunidad Ciudadana de Energía, el Ayuntamiento participa con un 40%, otro 40% es de los inversores privados (PYMES, cooperativas y vecinos de El Prat) y el restante 20% lo tiene la Asociación de usuarios y usuarias.

A la fecha de cierre de estas líneas, ya habían instalado 1 MW y querían instalar 250 KW más, en tejados, incluso en tejados de las iglesias.

Pero entre sus objetivos se plantean no quedarse sólo en la fotovoltaica, sino que pretenden ir suprimiendo el uso de las calderas de gas mediante la aerotermia y aprovechar esa energía de proximidad renovable en horario solar para dar frío y calor en una escena de electrificación. Y también se plantean poder participar en el que consideran que es el reto de los próximos años: el nuevo modelo de almacenamiento distribuido.

5.4. *Ara de los Olmos. La experiencia en el desarrollo de una CER*

Uno de los municipios precursores en desarrollar esta nueva forma de organización de las Comunidades de Energías Renovables (CER) es el

Ayuntamiento de Aras de los Olmos (en la provincia de Valencia) que ha apostado por un proyecto pionero en España que persigue dotar de calidad de vida a la población rural; conseguir a través de esta iniciativa la repoblación del municipio y luchar contra la pobreza energética.

Se trata de la creación de una Comunidad de Energías Renovables para el autoconsumo, en la que participan todos los vecinos de la población, con el objetivo de ser un municipio autosuficiente, totalmente independiente de la red eléctrica, a través de la apuesta por las energías renovables.

En concreto, la iniciativa cuenta con una ayuda de 459.786 euros y consiste en la instalación de paneles solares fotovoltaicos que proporcionarán energía renovable a esta localidad de 369 habitantes. Este proyecto, como anuncia el propio Ayuntamiento en su página web (https://www. arasdelosolmos.es/), nació *"porque Aras de los Olmos es el final de la línea de distribución de energía en la provincia de Valencia y tiene muchos problemas de suministros que son difíciles de reparar, ya que no depende solo del estado de la línea que pasa por el municipio sino en los municipios anteriores también. Ante continuas averías y cortes de suministro, sobre todo cuando hay tormentas, se planteó la posibilidad de aprovechar los recursos naturales del municipio para generar energía. Aras dispone de terrenos sin uso para albergar una planta fotovoltaica, que sería la principal abastecedora de electricidad y una planta de biomasa de origen animal y vegetal, que permitiría también aprovechar los recursos naturales. También se plantea el aprovechamiento de la fuerza de los saltos del agua en el ya derruido Molino Central con la idea de hacer un depósito de unos 4 millones litros en la zona del río, que incluiría unas tuberías para subirla a otro de similar capacidad a unos 200 metros en la montaña. Así, cuando la demanda del municipio sea mayor, en momentos como el verano cuando hay más población, se generaría energía al pasar por las turbinas"*.

A la fecha de cierre de estas líneas, el proyecto estaba pendiente de la consecución los permisos y de conseguir la financiación necesaria para implementarse completamente.

Entre sus características está, de nuevo, ser titulares de la red de distribución. Pero, a diferencia del caso de Enercoop, se trata de un pequeño municipio que no cuenta con la aportación o la musculatura de una sociedad, cooperativa o empresa con conocimiento profundo del sector, pero con una gran ambición: autoabastecerse de electricidad limpia las 24 horas del día.

La segunda de las características del municipio es su voluntad de constituirse como Comunidad de Energías Renovables. En el caso que nos ocupa se trata de suministrar energía más barata a sus vecinas y vecinos, pero el elemento diferencial es la generación renovable in situ en la misma localidad.

En cuanto a las actividades concretas previstas para ello, destaca la titularidad de una minihidraulica; la voluntad de instalar una central de bombeo de agua, para turbinar agua cuando haya excedente renovable; una instalación eólica; la instalación de varias instalaciones fotovoltaicas; y el aprovechamiento del metano procedente de la granja del pueblo para realizar cogeneración.

En este caso, si bien la fórmula jurídica a escoger podría haber sido similar a la del Prat de Llobregat, se trata de una Comunidad de Energías Renovables, más orientada a la generación, cuyo elemento más característico en este caso es que no se precisa la movilización de capital, de tal manera que la fórmula jurídica elegida podrá garantizar el carácter ampliamente mayoritario de participación en la misma por parte del Ayuntamiento.

5.5. El caso de Tameiga y los Montes Vecinales en Mano Común

Tameiga es una parroquia del Ayuntamiento pontevedrés de Mos. En la división territorial gallega, la parroquia es la primera entidad colectiva de un municipio después del propio Ayuntamiento. Galicia cuenta con 2.900 comunidades de montes que gestionan más de 700.000 hectáreas de monte vecinal, en 248 de los 316 Ayuntamientos.

Montes vecinales en mano común (CMVMC), Montes de los vecinos o Montes comunales, son los que pertenecen a agrupaciones vecinales en su calidad de grupos sociales y no como entidades administrativas y que se vienen aprovechando en régimen de comunidad sin asignación de cuotas por los miembros de aquellas en su condición de vecinos con casa abierta y con humo (habitadas de forma continua). Son una manera de copropiedad germánica, con una regulación específica, que prevé que los montes vecinales son bienes indivisibles, inalienables, imprescriptibles e inembargables, dada su especial naturaleza colectiva. La titularidad corresponde al conjunto de vecinos con residencia habitual en la demarcación, por lo que la comunidad titular del monte es variable.

La gestión asamblearia propia de las comunidades de montes garantiza que los recursos comunales y los beneficios de la explotación forestal sean repartidos equitativamente entre todas las familias comuneras. Hoy existen nuevos aprovechamientos, además de los forestales, como parques eólicos, o incluso se establecieron naves industriales.

La Comunidad de Montes Veciñais en Man Común de Tameiga (CMVMC) gestiona actualmente una superficie de 104 hectáreas, y actualmente está formada por 302 comuneros[88].

La Comunidad de Montes de Tameiga como comunidad energética, parte de uno de los recursos que la CMVMC de Tameiga pone a disposición de sus comuneros, que es la leña como materia de combustible para calefacción, y que ha derivado en el uso de grandes cantidades de biomasa forestal primaria, derivada de las tareas propias de silvicultura.

Tras esto, la CMVMC de Tameiga formalizó su adhesión a la cooperativa energética "Nosa Enerxia", surgiendo entonces la idea de abundar en el papel de gestión energética de la CMVMC de Tameiga, explotando las cubiertas de las naves industriales que utilizan.

En efecto, un elemento determinante en la creación de dicha Comunidad Energética es la relación con Nosa Enerxía Sociedad Cooperativa Gallega. Esta es una cooperativa de consumidores y usuarios, y por lo tanto, es una entidad donde los socios y las socias se organizan para consumir los productos y servicios que deseen, en las condiciones que estas determinen. El objeto de esta cooperativa es la comercialización de energía de origen renovable a todos aquellos socios/las de la cooperativa, proporcionando un servicio de calidad a un precio justo. La cooperativa se articula como una organización sin ánimo de lucro.

La forma jurídica elegida para la constitución de la Comunidad energética de Tameiga también ha sido la de una Cooperativa de primer grado, sin ánimo de lucro, cuyas primeras actividades han estado centradas en la fase inicial en aprovechar cubiertas y pérgolas localizadas en el polígono industrial de Monte Faquina.

Los principios operativos de la comunidad energética según su propia definición son los siguientes:

---

[88]   Cuenta con una sede, Centro cultural "As Pedrinas" que ocupa una superficie de 30.000 metros cuadrados, en las que sitúa una nave industrial que sirve como almacén de material para las tareas realizadas en el monte, y también leña que gestionan como combustible. Este complejo cuenta también con un centro social, con salón de actos y restaurante, piscina exterior, canchas polideportivas y un espacio reservado a las tareas propias de la administración de la CMVMC. Actualmente esta CMVMC cuenta con 19 empleados directos que desempeñan diversas funciones de mantenimiento, tanto del monte propiamente dicho, como del resto de instalaciones con las que cuenta esta comunidad. Como detalle singular y diferenciador de la CMVMC de Tameiga está que, al margen de las funciones descritas anteriormente, también desempeñan la gestión de una parte del polígono industrial de Monte Faquina, en el mismo lugar de Tameiga.

1) El objetivo de la Cooperativa es brindar beneficios económicos, sociales y ambientales a sus miembros o al área o áreas locales en las que están activos, en lugar de tener finalidad lucrativa.

2) Participación abierta y voluntaria: la afiliación en una cooperativa está abierta a todas las personas como usuarios finales de sus servicios y las cuales están dispuestas a aceptar las responsabilidades de dicha pertenencia.

3) Gobernanza democrática directa de la Cooperativa, basada en la igualdad de derechos en la toma de decisiones (es decir, una persona por voto).

4) Autonomía e independencia: la Cooperativa está controlada por los miembros o accionistas que participan como usuarios finales; los inversores externos o las empresas que participan en la comunidad no deben tener una posición de control dentro del consejo.

6. TRANSPOSICIÓN DE LAS DIRECTIVAS EN EL DERECHO INTERNO ESPAÑOL: UN PROCESO INACABADO

Hasta la aprobación de los tres Reales Decretos-Leyes de 2022 (recordemos; los Reales Decretos 14/2022, 18/2022 y 20/2022), la regulación de las Comunidades Energéticas en España era casi testimonial, por lo que hace ya casi cuatro años, más de 50 Ayuntamientos respondieron a las cuestiones incluidas en la consulta pública previa plateada en diciembre de 2020 por Ministerio de Transición Ecológica y Reto Demográfico[89], cuya finalidad era recabar la opinión de colectivos y entidades interesadas, administraciones y agentes potencialmente involucrados en el desarrollo de Comunidades Energéticas Locales, para la transposición al ordenamiento jurídico español de las Directivas europeas del mercado interior de la electricidad y la de energías renovables, la identificación de prioridades y principales retos, así como potenciales medidas para poder superarlos.

Las propuestas planteadas por esos más de 50 municipios reclamaban ir a un escenario ambicioso de gestión ciudadana y municipalista de la energía, a la vez que trataban de dar todas las garantías para que las Comunidades Energéticas Locales operasen sin afectar a la seguridad del sector eléctrico.

Se ponía, por tanto, el acento en la aprobación de una normativa específica, completa y ambiciosa, de transposición en España de estas dos figuras.

Estas alegaciones han sido el germen de las posteriores alegaciones planteadas nuevamente por el movimiento municipalista en el proceso de información pública sobre el **PROYECTO DE REAL DECRETO POR EL QUE SE DESARROLLAN LAS FIGURAS DE LAS COMUNIDADES DE ENERGÍAS RENOVABLES Y LAS COMUNIDADES CIUDADANAS DE ENERGÍA**, del que nos ocuparemos con todo detalle más adelante. Algunas de esas consideraciones incluidas en dichas alegaciones fueron recogidas en el texto del Real Decreto-ley 5/2023, de 28 de junio, por el que se incorporan al ordenamiento jurídico español (en concreto, a la Ley 24/2013, del Sector Eléctrico) los principios reguladores de las comunidades energéticas.

---

[89] file:///C:/Users/Pilar%20Navarro/Downloads/Texto%20de%20la%20consulta%20p%C3%BAblica%20previa.pdf.

Pero no todo se ha incluido, por lo que, volviendo a las anteriores alegaciones, y como ya señalamos en alguna publicación anterior[90], entendíamos que para su completa implementación y despliegue en el ordenamiento jurídico español, y más en concreto en el sector energético, se tornaba en imprescindible la aprobación de forma paralela de una serie de modificaciones normativas, destacando las siguientes:

1º.– Tal y como se señalaba en la Guía de la Diputación de Barcelona, *"(…) teniendo en cuenta que de acuerdo con la Directiva 2019/944 cualquier entidad jurídica que cumpla los requisitos organizativos puede constituirse en Comunidades Ciudadanas de Energía y que una de las funciones más atractivas o relevantes a corto-medio plazo es precisamente articular la participación, naturalmente agregada, de sus miembros en los 11 mercados eléctricos, más que en la transposición de la figura de las Comunidades de Energías Renovables, deberíamos fijar en la del agregador independiente y su futura regulación de detalle. En otras palabras, para que una Comunidad Ciudadana de Energía pueda agregar los consumos o generación de sus miembros y participar en los mercados de electricidad, o bien pueda hacer un reparto peer-to-peer de la energía más allá de los 500 metros de autoconsumo, lo importante es que pueda ser oficialmente sujeto participante del mercado eléctrico"*[91].

Por tanto, entendíamos entonces que se debería fijar la mirada en primer lugar en la transposición y máximo desarrollo de la figura del agregador independiente y de la prestación de servicios de agregación, y lo justificábamos del siguiente modo:

La Directiva 2019/944 pone especial énfasis en la cuestión de la agregación al establecer que los Estados miembros garantizarán que las comunidades ciudadanas de energía puedan acceder a todos los mercados organizados directamente a través de la agregación, reconociendo la posibilidad de estas comunidades de actuar en el mercado eléctrico como prestadores de servicios de agregación.

Y aquí sí, el RDL 23/2020 transpone la LSE tanto la figura del agregador independiente como de agregación, definidas respectivamente artículo 19.2 y 18.02 de la Directiva 944/2019.

---

[90] *Vid.*, HERRERA, J., Y NAVARRO RODRÍGUEZ, P., "Las comunidades energéticas como nuevo sujeto del Derecho Energético en España; del falanasterio a la transformación", *Anuario del Gobierno Local* Nº. 1, 2021 (Ejemplar dedicado a: Los Gobiernos locales ante el cambio climático), pp. 203-248.

[91] VV.AA., *Guía para el impulso de Comunidades Energéticas con perspectiva municipal*, Diputación de Barcelona, febrero de 2021.

A los agregadores independientes se les define en el art. 6. i) de la LSE de la siguiente manera: *"Participantes en el mercado de producción de energía eléctrica que prestan servicios de agregación y que no están relacionados con el suministrador del cliente, entendiendo por agregación aquella actividad realizada por personas físicas o jurídicas que combinan múltiples consumos o electricidad generada de consumidores, productores o instalaciones de almacenamiento para su venta o compra en el mercado de producción de energía eléctrica".*

También cabe destacar que el RDL 23/2020 introdujo un tercer nuevo sujeto del sector eléctrico en el art. 6 LSE: los titulares de instalaciones de almacenamiento. Esto es relevante y positivo para el desarrollo de modelos basados en la participación descentralizada en los mercados eléctricos.

2º.– Además, y siguiendo también lo señalado en la Guía de la Diputación de Barcelona[92], coincidimos en que cabe destacar que el desarrollo de la flexibilidad eléctrica como producto, la transformación del mercado eléctrico y las *smart grids*, se encuentran en proceso de evolución y serán *playing fields* en los que, si se implementan de manera adecuada las Directivas, deberán poder participar cada vez con más intensidad a los ciudadanos, ya sea como consumidores, productores, almacenadores, proveedores de servicios de flexibilidad, de recarga, etc.

Este tipo de participación debería ser canalizada mediante la figura de las Comunidades Ciudadanas de Energía y no la de las Comunidades de Energías Renovables.

Así, planteábamos que los desarrollos normativos futuros relevantes para las Comunidades Ciudadanas de Energía no son sólo el de la propia figura de las Comunidades Ciudadanas de Energía, sino también los procedimientos entonces en curso de reforma y creación de nuevos mercados eléctricos de flexibilidad:

– Para REE, mediante la reforma de numerosos procedimientos de operación (POS) para adaptarlos al Reglamento (UE) 2017/2195 de la Comisión, de 23 de noviembre de 2017, por el que se establece una directriz sobre el Balance Eléctrico. De acuerdo con la Resolución de 11 de diciembre de 2019, de la Comisión Nacional de los Mercados y la Competencia (CNMC), por la que se aprueban las condiciones relativas al balance por los proveedores de servicios de balance y los sujetos de liquidación responsables del balance en el sistema eléctrico peninsular español, con el fin de

---

[92] VV.AA., *Guía para el impulso de Comunidades Energéticas con perspectiva municipal*, Diputación de Barcelona, febrero de 2021.

adaptar los POS de REE en determinados aspectos de este Reglamento la fecha límite era el 12/23/2020, mientras que para otros aspectos se aplicaba la misma fecha límite pero era en relación con la obligación de REE de presentar en la CNMC propuestas de diseño normativo en relación a estos aspectos.

– También por parte de REE, había actividades llevadas a cabo a nivel paneuropeo dentro del proyecto FLEXIWATTS.

– Por parte de OMIE, la introducción de nuevos mercados de electricidad ya había sido esbozada en el proyecto IREMEL.

3º.– Proponíamos **incluir de forma transversal una referencia específica a la figura de las Comunidades Energéticas Locales** como instrumento fundamental de ahorro y eficiencia energéticas en la **Ley 10/2019, de 22 de febrero, de Cambio Climático y Transición Energética, con un capítulo específico** sobre las Comunidades Energéticas Locales, con toda su regulación bien detallada.

4º.– Sugeríamos también la **inclusión de forma expresa de la figura de las Comunidades Energéticas Locales en el Real Decreto 244/2019, de 5 de abril**, por el que se regulan las condiciones administrativas, técnicas y económicas **del Autoconsumo de Energía Eléctrica**, dado que el autoconsumo eléctrico es una de las principales actividades a las que están llamadas a desarrollar las Comunidades Energéticas Locales. Y como complemento de ello, proponíamos **aprobar, mediante orden ministerial, un modelo de reparto dinámico, dando cumplimiento a lo previsto en el** Real Decreto 244/2019, facilitando el desarrollo del autoconsumo compartido y su dinámica con las Comunidades Ciudadanas de Energía, permitiendo en el caso de las Comunidades Energéticas Locales compartir energía a más de 500m y también en Media Tensión (MT) pudiendo realizar dicha operación junto a otros servicios energéticos en su área de acción.

5º.– Pedíamos la **modificación de la Ley del Sector Eléctrico (LSE), en tres aspectos** fundamentales: (i) para incluir en su artículo 6 una definición expresa de las Comunidades Ciudadanas de Energía en la línea de lo previsto en la Directiva, (ii) para regular de forma directa y expresa la figura del "proveedor de servicios de agregación" o "agregador independiente", como un participante en el mercado que presta servicios de agregación y que no está relacionado con el suministrador del cliente, función que podrán desarrollar claramente las Comunidades Energéticas Locales, y (iii) con la modificación del art. 39.3 de la LSE, para que en los procesos de nueva urbanización, cuando la distribuidora tenga un distribución anecdótica y marginal (con apenas algún punto de transformación) y cuando la nueva urbanización tenga un volumen a considerar, que la nueva distribución la pueda realizar la propia Comunidad Ciudadana de Energía que se constituya o una distribuidora diferente.

6°.– Solicitábamos también la **inclusión y definición de forma expresa de la Figura de las Comunidades Energéticas Locales en el Texto Refundido de la Ley del Suelo y Rehabilitación Urbana de 2015**, de forma que se dé cabida a la posible creación de una Comunidad Energética Local por parte de una Entidad Local con el objetivo de atender al desafío de la descarbonización de la edificación (mediante reformas importantes en edificios públicos), para transformar los edificios existentes en edificios de consumo energético casi nulo. En especial, debería adaptarse la norma, permitiendo constituir un derecho sobre superficie o espacio sobre su propiedad en virtud de las comunidades (concesiones de uso atrayentes).

7°.– Proponíamos la inclusión y definición de forma expresa de la Figura de las **Comunidades Energéticas Locales en la normativa urbanística de cada Comunidad Autónoma**.

8°.– Y a nivel local, se pedía la **inclusión de forma expresa de las competencias de los entes locales en materia de ahorro y eficiencia energéticas y de lucha contra el cambio climático en la LRBRL y en la normativa de régimen local de cada Comunidad Autónoma** (por ejemplo, la Ley de Autonomía Local de Andalucía), así como la **aprobación en cada Entidad Local de Ordenanzas Municipales reguladoras de la figura de las Comunidades Energéticas Locales,** en el marco de la normativa estatal y autonómica anteriores.

Últimas regulaciones internas

Tal y como ya hemos señalado con anterioridad, en los últimos meses de 2022 se aprobaron tres normas en las que se abordaba la cuestión de las Comunidades Energéticas, pero de manera parcial o tangencial y no completa.

Estas normas son las tres siguientes:

1. El **Real Decreto-ley 14/2022, de 1 de agosto, de medidas de** sostenibilidad económica en el ámbito del transporte, en materia de becas y ayudas al estudio, así como de medidas de **ahorro, eficiencia energética y de reducción de la dependencia energética del gas natural,** en el que prácticamente no se aprovechó la oportunidad para incluir ninguna medida relevante en este aspecto, pese a que así lo propusieron algunos grupos políticos mediante la presentación de enmiendas.

2. El **Real Decreto-ley 20/2022, de 27 de diciembre, de medidas de** respuesta a las consecuencias económicas y sociales de la Guerra

de Ucrania y de apoyo a la reconstrucción de la isla de La Palma y a otras situaciones de vulnerabilidad, a los que nos referiremos con más detalle en los siguientes apartados, y,

3. **El Real Decreto-ley 18/2022, de 18 de octubre, por el que se aprueban medidas de refuerzo de la protección de los consumidores de energía y de contribución a la reducción del consumo de gas natural en aplicación del "Plan + seguridad para tu energía (+SE)".**

En esta última norma sí que se incluye un Capítulo completo (el III) bajo el título de "impulso al autoconsumo", que contiene dos artículos de máximo interés, que reproducimos de forma textual a continuación:

"Artículo 15. Modificación del Real Decreto 244/2019, de 5 de abril, por el que se regulan las condiciones administrativas, técnicas y económicas del autoconsumo de energía eléctrica.

Se modifica el Real Decreto 244/2019, de 5 de abril, por el que se regulan las condiciones administrativas, técnicas y económicas del autoconsumo de energía eléctrica, en los siguientes aspectos:

Uno. Se añade un nuevo párrafo en el apartado iii., en la letra g) del artículo 3, con la siguiente redacción:

«También tendrá la consideración de instalación de producción próxima a las de consumo y asociada a través de la red, aquella planta de generación que empleando exclusivamente tecnología fotovoltaica ubicada en su totalidad en la cubierta de una o varias edificaciones esta se conecte al consumidor o consumidores a través de las líneas de transporte o distribución y siempre que estas se encuentren a una distancia inferior a 1.000 metros de los consumidores asociados. A tal efecto se tomará la distancia entre los equipos de medida en su proyección ortogonal en planta.»

Dos. Se añade un nuevo apartado 7 en el artículo 4, con la siguiente redacción:

«7. Para la realización del autoconsumo colectivo podrá constituirse una comunidad de energías renovables siempre que se cumpla con los requisitos establecidos para las mismas. Esta comunidad podrá actuar como representante de los consumidores a los efectos previstos en este real decreto siempre que estos otorguen las correspondientes autorizaciones.»

Tres. Se añade un nuevo apartado 4 en la disposición adicional segunda, con la siguiente redacción:

«4. Al menos con carácter trimestral, los gestores de las redes de transporte y distribución remitirán al operador del sistema en

su calidad de responsable del sistema de medidas, exclusivamente por vía electrónica, la información relativa a las instalaciones de autoconsumo conectadas a las redes que gestionan. Esta información deberá permitir identificar cada una de las instalaciones de autoconsumo en el concentrador principal de medidas eléctricas. Asimismo, el operador del sistema remitirá esta información agregada a la Dirección General de Política Energética y Minas con carácter trimestral.

La Dirección General de Política Energética y Minas, a propuesta del operador del sistema, aprobará por resolución los formatos para la remisión de dicha información, la frecuencia, así como los parámetros de desagregación y aquellos otros aspectos necesarios para identificar las instalaciones de autoconsumo en el concentrador principal de medidas eléctricas, garantizar la homogeneidad de los datos y el detalle de los mismos de tal forma, que permitan al operador del sistema cumplir sus funciones relativas a la seguridad de suministro. Estas resoluciones establecerán también los formatos de entrega de la remisión de información del operador del sistema a la Dirección General de Política Energética y Minas.»

Artículo 16. Modificación de la Ley 24/2013, de 26 de diciembre, del Sector Eléctrico.

Uno. *Se añade un nuevo párrafo en el art. 42.1, con la siguiente redacción:*

«En el caso de plantas de generación renovable no será de aplicación el requisito de pertenencia a la misma empresa o al mismo grupo empresarial recogido en el párrafo anterior.»

Dos. *Se modifica el art. 53.3.1°, que pasa a tener la siguiente redacción:*

«Reglamentariamente se podrá eximir a determinadas instalaciones de producción de hasta 500 kW de potencia instalada del régimen de autorizaciones previsto en los apartados 1.a) y 1.b) del presente artículo»

Por su parte, el nuevo Real-Decreto-Ley 20/2022, de 27 de diciembre, modifica el Real Decreto 244/2019, de 5 de abril, por el que se regulan las condiciones administrativas, técnicas y económicas del autoconsumo de energía eléctrica en dos cuestiones fundamentales:

1. Incrementa los 1.000 metros de distancia hasta los 2.000 metros, y

2. Aumenta también los casos de plantas generadoras fotovoltaicas, al incluir no sólo las ubicadas en cubiertas, sino también las ubicadas en estructuras artificiales y en suelo industrial".

El nuevo texto pasa a tener la siguiente redacción: *"También tendrá la consideración de instalación de producción próxima a las de consumo y asociada a través de la red, aquella planta de generación que empleando exclusivamente tecnología fotovoltaica ubicada en su totalidad en la cubierta de una o varias edificaciones, en suelo industrial o en estructuras artificiales existentes o futuras cuyo objetivo principal no sea la generación de electricidad, esta se conecte al consumidor o consumidores a través de las líneas de transporte o distribución y siempre que estas se encuentren a una distancia inferior a 2.000 metros de los consumidores asociados. A tal efecto se tomará la distancia entre los equipos de medida en su proyección ortogonal en planta".*

Por último, y tal y como ya hemos señalado en varias ocasiones, el Gobierno de España aprobó el Real Decreto-ley 5/2023, de 28 de junio, por el que se incorporan al ordenamiento jurídico español (en concreto, a la Ley 24/2013, del Sector Eléctrico) los principios reguladores de las comunidades energéticas. En concreto, regula de forma específica los derechos y obligaciones de las comunidades de energías renovables y la definición de las comunidades ciudadanas de energía, que venían recogidos en la redacción del proyecto de real decreto que ha quedado en stand by hasta la fecha de cierre de estas líneas. Todas estas modificaciones normativas, si bien han sido bien acogidas por los agentes sociales y económicos, no lo han sido de forma completa, ya que éstos sostienen que las mismas no han sido todo lo completas y ambiciosas que cabía esperar, sobre todo si comparamos nuestro sistema con el de nuestros países vecinos, Francia y Portugal, que acaban de regular estas cuestiones con mayor ambición y amplitud, tal y como hemos visto con anterioridad.

Por ello, estas normas han recibido una serie de alegaciones que se centran en la propuesta de alinear la normativa española con la recientemente aprobada por estos dos países europeos, en especial la de Portugal.

7. PROPUESTA DE REGULACIÓN. SOBRE LA NECESIDAD DE UNA BUENA TRANSPOSICIÓN. NORMAS A MODIFICAR Y ASPECTOS ESENCIALES A INCLUIR EN LA FUTURA NORMA REGULADORA DE LAS COMUNIDADES ENERGÉTICAS EN ESPAÑA PARA SU MÁXIMO DESPLIEGUE

En nuestra opinión, aún reconociendo el importante avance incluido en las nuevas normativas aprobadas a finales de 2022, no es menos cierto que las mismas no han sido todo lo completas y ambiciosas que cabía esperar por el sector, especialmente el de ámbito local.

De ahí que desde ese ámbito se elevasen al Ministerio para la Transición Ecológica y el Reto Demográfico (MITECO) una serie de enmiendas al texto del al Real Decreto-Ley 14/2022, en línea con equiparar la regulación de las Comunidades Energéticas en nuestro país con las últimas regulaciones aprobadas en los países vecinos como son Francia y especialmente Portugal, que aprobó a principios de enero de 2022 el Decreto-Ley 15/2022, de 14 de enero, por el que se establece la organización y funcionamiento del Sistema Eléctrico Nacional (SEN), que aplica las Directivas del Paquete de Invierno de la Unión Europea[93].

---

[93] Esta norma regula el autoconsumo colectivo de la siguiente forma: *"Artigo 86.º Autoconsumo coletivo 1 - Os autoconsumidores que participem num ACC têm um regulamento interno que é comunicado à DGEG, no prazo máximo de três meses após a entrada em funcionamento da UPAC, e que define, pelo menos, os requisitos de acesso de novos membros e saída de participantes existentes, as maiorias deliberativas exigíveis, o modo de partilha da energia elétrica produzida para autoconsumo e o pagamento das tarifas devidas, bem como o destino dos excedentes do autoconsumo e a política de relacionamento comercial a adotar e, se for caso disso, a aplicação da respetiva receita. 2 - Os autoconsumidores que participem em ACC devem designar a EGAC, à qual compete a prática dos atos de gestão operacional da atividade corrente, incluindo a gestão da rede interna, quando exista, a articulação com a plataforma eletrónica prevista no artigo 15.º, a ligação com a RESP e articulação com os respetivos operadores, nomeadamente em matéria de partilha da produção e respetivos coeficientes, quando aplicável, o relacionamento comercial a adotar para os excedentes, bem como outros que lhe sejam cometidos pelos autoconsumidores. 3 - Nos casos de constituição de CER ou CCE, as funções da EGAC são, respetivamente, desempenhadas pelas comunidades ou por outra entidade em quem aqueles deleguem essas*

Para empezar, y gracias a esa actitud inconformista de buena parte del sector, lo primero que se consiguió fue que el Ministerio de Transición Ecológica y para el Reto Demográfico (MITECO) se comprometiese a ampliar el límite de 1 KM (que seguía suponiendo un límite real en la interacción entre ciudad —densa y con pocos y malos tejados y con mayor consumo en fin de semana— y zonas industriales —con amplios tejados y mayor consumo entre semana—), hasta llegar a los 2 KM en el autoconsumo compartido, para que éste se pueda desarrollar con toda su potencialidad, y que se generalizase más el supuesto, para que no sólo se pudiese aplicar al caso de las cubiertas, sino en cualquier tipo de superficie. Estas cuestiones fueron aprobadas finalmente en el **Real Decreto-ley 20/2022, de 27 de diciembre,** de medidas de respuesta a las consecuencias económicas y sociales de la Guerra de Ucrania y de apoyo a la reconstrucción de la isla de La Palma y a otras situaciones de vulnerabilidad.

Pero aún quedaban otras cuestiones pendientes aún de aprobar por el Ministerio competente (a la fecha de cierre de estas líneas el MITECO) que serían las siguientes:

1º) Que se ampliase el ámbito de aplicación de la norma, para que no sólo se pudiese aplicar al caso de las cubiertas, sino en cualquier tipo de superficie, y

2º) Que se ampliase de forma suficiente el ámbito subjetivo de la LSE, de modo que no sólo se incluyese expresamente a las Comunidades Energéticas, tanto en su modalidad de Comunidades de Energías Renovables como de Comunidades Ciudadanas de Energía, sino incluyendo también a:

✓ Las entidades gestoras de autoconsumo colectivo (EGAC), que podrían configurarse como las personas físicas o jurídicas, que pueden ser o no autoconsumidoras, designadas por los autoconsumidores colectivos, para realizar actos en su nombre[94].

✓ Las unidades de producción para el autoconsumo (UPAC), que se configurarían como las unidades de producción que tienen como fuente primaria las energías renovables, incluyendo o no instalaciones de almacenamiento de energía, asociadas a una o varias instalaciones de consumo o uso, destinadas fundamentalmente a satisfacer necesidades propias de suministro eléctrico, que estén conectadas en la red interior de los consumidores asociados, estén

funções. 4 - Os autoconsumidores que participem num ACC, CER ou CCE respondem conjuntamente pelo cumprimento dos deveres e obrigações estabelecidos no presente decreto-lei e demais regulamentação aplicável".
94   Definición derivada del art. 3.gg del Decreto Ley 15/2022 de Portugal.

unidas a estos a través de líneas directas o estén en las proximidades de las instalaciones de uso y consumo a las que suministran, y que pueden ser propiedad y/o estar gestionadas por un tercero[95].

En todo caso, y sin perjuicio de que se deban atender estas demandas del sector, ello no obsta a que sigamos entendiendo que la mejor fórmula de regulación completa y ambiciosa de la figura de las Comunidades Energéticas en España sea mediante la aprobación específica y diferenciada de una norma (entendemos que la figura más idónea sería la de un Real Decreto) dedicada en su totalidad a la regulación y el marco general de las Comunidades de Energía Renovables y las Comunidades Ciudadanas de Energía, que es lo deseable, y que esperemos que sea lo que finalmente realice el Ministerio competente en la materia[96].

En nuestra opinión, esta norma específica deberá incluir, al menos, los siguientes elementos básicos para el máximo desarrollo y despliegue de las Comunidades de Energías Renovables y las Comunidades Ciudadanas de Energía en España:

1º.– Las definiciones de Comunidades de Energías Renovables y Comunidades Ciudadanas de Energía en su máxima potencialidad, así como otras definiciones de otras figuras similares y afines.

2º.– Acotar muy bien el criterio de proximidad en materia de autoconsumo, y adaptarlo en función de si se trata de municipios pequeños (de menos de 20.000 habitantes), medianos o grandes.

3º.– La creación de un Registro Público de Comunidades de Energías Renovables y de Comunidades Ciudadanas de Energía.

4º.– La integración de los consumidores vulnerables.

5º.– La definición detallada de los derechos y obligaciones de sus miembros y quién ostenta el control efectivo de cada Comunidades de Energías Renovables o Comunidades Ciudadanas de Energía.

6º.– Los derechos de los usuarios, en especial, la figura del consumidor directo de mercado.

7º.– Su marco jurídico y retributivo favorable.

8º.– Los criterios de proximidad en el caso del autoconsumo.

9º.– La figura de las Comunidades de Energías Renovables o las Comunidades Ciudadanas de Energía transfronterizas.

Por todo ello, a continuación incluimos de forma textual el texto del Proyecto de Real Decreto propuesto por el MITECO (y disponible en su

---

[95] Definición adaptada y derivada del art. 3.vvv del Decreto Ley 15/2022 de Portugal.

[96] Actualmente, el Ministerio de Transición Ecológica y para el Reto Demográfico.

página web[97]) por el que se desarrollan las figuras de las Comunidades de Energías Renovables y las Comunidades Ciudadanas de Energía (proceso normativo que como ya hemos señalado en varias ocasiones en este libro, ha quedado paralizado tras la convocatoria de Elecciones Generales realizada en el mismo mes de mayo del año 2023, por lo que, a la fecha de cierre de estas líneas, seguimos sin contar con ese marco regulatorio completo, tan ansiado y demandado por el sector), para después poder analizar si el mismo incluye todas las cuestiones antes referidas, o no.

---

[97] https://energia.gob.es/es-es/participacion/paginas/DetalleParticipacionPublica.aspx?k=595

PROYECTO DE REAL DECRETO POR EL QUE SE DESARROLLAN LAS FIGURAS DE LAS COMUNIDADES DE ENERGÍAS RENOVABLES Y LAS COMUNIDADES CIUDADANAS DE ENERGÍA

PREÁMBULO

I

La Directiva (UE) 2018/2001 del Parlamento Europeo y del Consejo, de 11 de diciembre de 2018, relativa al fomento del uso de energía procedente de fuentes renovables, introduce una nueva figura en el sector energético: las comunidades de energías renovables, que son entidades jurídicas participadas por personas físicas, pymes o autoridades locales situadas en las proximidades de los proyectos de energías renovables y cuya finalidad primordial es proporcionar beneficios medioambientales, económicos o sociales, en lugar de ganancias financieras.

Las comunidades de energías renovables permiten de esta forma una mayor implicación de los ciudadanos y autoridades locales en la transición energética. Mediante la participación de estos sujetos en los proyectos de energías renovables se moviliza capital privado adicional, revirtiendo asimismo los beneficios directamente en ellos, lo que incrementa la aceptación local de las energías renovables.

Para evitar abusos y garantizar una amplia participación, las comunidades de energías renovables deben poder conservar su autonomía respecto de los miembros individuales y de otros actores habituales en el mercado que participen en la comunidad como miembros o socios, o que cooperan de otras formas, como por ejemplo mediante la inversión.

Las características particulares de las comunidades de energías renovables en relación con su tamaño, su estructura de propiedad y el número de proyectos pueden obstaculizar su competitividad frente a actores tradicionales. Por ello, podrán establecerse medidas que garanticen que estas comunidades puedan competir en igualdad de condiciones con otros productores, participen en el sistema energético y se facilite su integración en el mercado.

Asimismo, las comunidades de energías renovables deben poder compartir entre sí energía producida por las instalaciones de su propiedad. Sin embargo, tal y como establece la Directiva (UE) 2018/2001 del Parlamento Europeo y del Consejo, de 11 de diciembre de 2018, es importante garantizar que los miembros de una comunidad no queden exentos de los costes, cargos, gravámenes e impuestos pertinentes que asumirían los consumidores finales que no pertenezcan a una comunidad.

Es importante señalar que las comunidades de energías renovables no se circunscriben al ámbito eléctrico, donde el autoconsumo ofrece importantes ventajas en línea con los objetivos de participación ciudadana en la transición a las energías renovables. Estas comunidades pueden asimismo impulsar la eficiencia energética e incluir en sus ámbitos de actuación otros usos energéticos como el transporte o el suministro de calefacción y refrigeración.

Estas comunidades energéticas también pueden suponer un nuevo impulso para la gestión de la demanda, ya que a través de ellas los consumidores adquieren mayor consciencia de la disponibilidad de su recurso renovable, adaptando sus hábitos de consumo en consecuencia, y logrando así una nueva fuente de flexibilidad de la que no solo se benefician los propios participantes de las referidas comunidades energéticas, sino el sistema eléctrico en su conjunto.

Por último, las comunidades de energías renovables brindan una excelente oportunidad para ayudar a combatir la pobreza energética, por lo que se garantiza la posibilidad de participación de los hogares en las comunidades de energías renovables, incluyendo, en particular, a los consumidores vulnerables.

Similarmente, la Directiva (UE) 2019/944 del Parlamento Europeo y el Consejo, de 5 de junio de 2019, sobre normas comunes para el mercado interior de la electricidad y por la que se modifica la Directiva 2012/27/UE, ha supuesto la redefinición del marco general regulatorio de aplicación al sistema eléctrico. Una redefinición que se impulsa desde las instituciones europeas y que se apoya en el principio fundamental de empoderamiento al consumidor final de energía eléctrica.

En efecto, la profunda transformación de los modelos energéticos, marcados por la paulatina sustitución de tecnologías de producción convencional por energías renovables, requiere de la aparición de nuevos modelos de negocio y fuentes de flexibilidad que permitan continuar con la senda de integración de activos de producción renovable, con el propósito último de lograr los ambiciosos objetivos de descarbonización de la economía asumidos por el Reino de España. Ante esta expectativa, resulta imprescindible situar al consumidor en el centro del nuevo paradigma energético, asignándole un rol activo y protagonista en el mencionado proceso de descarbonización. Dicho protagonismo pasa, entre otros aspectos, por la posibilidad de participación de estos consumidores en proyectos de participación y cooperación ciudadana que canalicen las novedosas iniciativas proconsumidor, capturando en última instancia los beneficios sociales, medioambientales y económicos que se derivan de la transición energética.

Las denominadas comunidades ciudadanas de energía se conciben precisamente como respuesta a la coyuntura antes descrita, configurando un vehículo de participación ciudadana a través del cual los participantes pueden ver satisfechos todos sus derechos y libertades como consumidores finales de energía eléctrica, en aspectos relativos al acceso a la red en condiciones de no discriminación, y de participación en los mercados de electricidad gestionando los activos de generación que puedan tener asociadas.

Surgen así dos figuras (las comunidades de energía renovable y las comunidades ciudadanas de energía) que, si bien no son coincidentes, sí cuentan con una misma vocación, que no es otra que la de dotar a los consumidores finales de medios de participación colaborativa que les permitan aprovechar al máximo los beneficios derivados de la penetración de energías renovables en todos los vectores energéticos. La energía comunitaria puede impulsar, asimismo, la eficiencia energética a nivel doméstico y ayudar a combatir la pobreza energética a través de la reducción del consumo y de tarifas de suministro más bajas.

En definitiva, por medio de este real decreto se pretende incorporar al ordenamiento jurídico interno los principios reguladores de estas comunidades energéticas, dando así cumplimiento parcial al mandato de transposición fijado en aquellas disposiciones comunitarias.

II

En paralelo con la citada regulación comunitaria, a nivel nacional se han ido adoptando desde hace años diversas medidas y disposiciones para aumentar la participación de la ciudadanía en la transición energética, fundamentalmente en el ámbito eléctrico.

De hecho, el Plan Nacional Integrado de Energía y Clima 2021-2030 (PNIEC) prevé expresamente mecanismos de participación ciudadana en diversas medidas. En la medida 1.1. Desarrollo de nuevas instalaciones de generación eléctrica con renovables, a través de la participación local en proyectos de generación renovable; en las medidas 1.2. Gestión de la demanda, almacenamiento y flexibilidad y 1.4. Desarrollo del autoconsumo con renovables y la generación distribuida, a través del fomento de la participación ciudadana; en la "Medida 1.6. Marco para el desarrollo de las energías renovables térmicas" a través del desarrollo de comunidades energéticas renovables ligadas a redes de climatización; en la medida 1.14. Promoción del papel proactivo de la ciudadanía en la descarbonización, a través de la participación ciudadana en la definición de las políticas energéticas locales, regionales y nacionales y, por último, en la Medida 1.13. Comunidades energéticas locales, cuyo objetivo es facilitar la participación de ciudadanos, pymes y entidades locales en la transición energética.

El Real Decreto 900/2015, de 9 de octubre, por el que se regulan las condiciones administrativas, técnicas y económicas de las modalidades de suministro de energía eléctrica con autoconsumo y de producción con autoconsumo desarrolló por primera vez las previsiones contenidas en la Ley 24/2013, de 26 de diciembre, del Sector Eléctrico, cuyo artículo 9 regula el autoconsumo de energía eléctrica.

Posteriormente, el Real Decreto-ley 15/2018, de 5 de octubre, de medidas urgentes para la transición energética y la protección de los consumidores, ha supuesto un importante impulso del autoconsumo, realizando una modificación profunda de su regulación en España con el fin de que los consumidores, productores, y la sociedad en su conjunto puedan beneficiarse de las ventajas que genera esta actividad. Como consecuencia de ello, se aprueba el Real Decreto 244/2019, de 5 de abril, por el que se regulan las condiciones administrativas, técnicas y económicas del autoconsumo de energía eléctrica, que viene a derogar casi íntegramente el Real Decreto 900/2015, de 9 de octubre e introduce importantes modificaciones. Se introduce la figura del autoconsumo colectivo, en el que varios consumidores se alimentan de energía eléctrica proveniente de instalaciones de producción próximas a las de consumo y asociadas a los mismos. Asimismo, se introducen distintas modalidades de autoconsumo, permitiendo el suministro con excedentes, cuando las instalaciones de generación puedan, además de suministrar energía para autoconsumo, inyectar energía excedentaria en las redes de transporte y distribución.

La aprobación de las sucesivas normas en materia de autoconsumo ha permitido su despliegue en nuestro país, generando un efecto positivo en diferentes ámbitos: contribución a la consecución de los objetivos comunitarios en materia de energías renovables, incremento de la participación local en la transición energética y del papel activo de los consumidores finales en su abastecimiento energético, reducción del coste de la electricidad en un contexto de encarecimiento de los precios de mercado derivados de la actual situación, etc.

Adicionalmente, en el ámbito de la trasposición de la Directiva (UE) 2018/2001 del Parlamento Europeo y del Consejo, de 11 de diciembre de 2018, el artículo 4 del Real Decreto-ley 23/2020, de 23 de junio, por el que se aprueban medidas en materia de energía y en otros ámbitos para la reactivación económica, modifica el artículo 6 de la Ley 24/2013, de 26 de diciembre, introduciendo las comunidades de energías renovables como nuevo sujeto del sector eléctrico.

Por otra parte, se han adoptado otras medidas para fomentar la participación local en el desarrollo de nuevas instalaciones de generación de energía eléctrica a partir de fuentes de energía renovables. Desde la segunda subasta del régimen económico de energías renovables, celebrada el 19 de octubre de 2021, se han incluido cupos específicos para nuevas instalaciones fotovoltaicas de generación distribuida con carácter local. Su principal objetivo es la entrada en el sistema eléctrico de instalaciones de producción de menor tamaño que fomenten la generación distribuida y la participación local, buscando una participación activa de los ciudadanos, así como de otros agentes como pymes y entidades locales, en el despliegue de las tecnologías renovables.

Por último, en el marco del Plan de Recuperación, Transformación y Resiliencia, se han aprobado convocatorias de incentivos a proyectos singulares de comunidades energéticas dentro del programa CE Implementa y a Oficinas de Transformación Comunitaria para la promoción y dinamización de comunidades energéticas dentro del programa CE Oficinas. La puesta en marcha de los pilotos singulares, desarrollados a través del programa CE Implementa, pone de manifiesto la viabilidad de estas iniciativas a través de la validación de modelos de negocio e innovaciones a nivel técnico y social asociados a los mismos. Asimismo, estos proyectos singulares, apuntalados a través de las labores de difusión, asesoramiento y acompañamiento de la red de Oficinas de Transformación Comunitaria, actuarán como casos de éxito y puntos de referencia para guiar a futuras iniciativas.

Por otra parte, el creciente interés de la ciudadanía, administraciones, sociedad civil y pymes por implicarse de forma directa en el ámbito energético ha supuesto el impulso de nuevos modelos de negocio y modalidades de participación de la ciudadanía. Estos nuevos modelos de negocio se han desarrollado sobre la base de innovaciones y progresos en el plano técnico-económico, como la evolución decreciente de los precios de los módulos fotovoltaicos, que permiten la participación ciudadana en la generación de energías renovables. En este sentido, las plataformas de crowdfunding y crowdlending permiten el acceso a retornos sobre la inversión en energías renovables y las plataformas software permiten una optimización del sistema energético con la participación directa de la ciudadanía y otros actores, a través de medidas de gestión de la demanda o la participación en mercados. En paralelo, y sobre la base de estas innovaciones y progresos técnico-económicos, está creciendo el desarrollo de nuevas formas de participación en el sector energético por parte de actores diferentes a los tradicionales.

Esto se está canalizando a través de la figura del autoconsumo colectivo y a través de otras entidades con tradición histórica en el territorio y con principios de organización y funcionamiento alineados con las comunidades de energías renovables y comunidades ciudadanas de energía, que han pasado a incluir el sector energético entre su ámbito de actuación. Finalmente, sosteniendo el desarrollo de estos modelos, cabe destacar la actividad de las administraciones públicas en el desarrollo de medidas facilitadoras y para su promoción, del sector privado, en su desarrollo, y de la ciudadanía y sociedad civil, en su difusión y labores de dinamización.

Este creciente interés y desarrollo de nuevos modelos, en general en el marco de la participación ciudadana y, en particular, con relación a las comunidades de energías renovables y comunidades ciudadanas de energía, necesitará, para su consolidación y desarrollo sostenido a medio plazo, de un marco jurídico adecuado que proporcione seguridad jurídica, prevea la identificación y eliminación de barreras y contemple las medidas necesarias para su evolución.

En este contexto, resulta necesario seguir impulsando las figuras de nueva creación contenidas en la regulación europea, de entre las que destaca las Comunidades Ciudadanas de Energía.

Así, tal y como reza la Directiva 2019/944, de 5 de junio de 2019, "debido a su estructura organizativa, sus requisitos de gobernanza y su fin, las comunidades ciudadanas de energía constituyen un nuevo tipo de entidad. Se les debe permitir ejercer su actividad en el mercado en igualdad de condiciones sin falsear la competencia, y los derechos y obligaciones aplicables a las demás empresas eléctricas en el mercado deben aplicarse a las comunidades ciudadanas de energía de forma proporcionada y no discriminatoria". Es decir, uno de los elementos primordiales que debe abordar la normativa nacional es la preservación del acceso a los mercados eléctricos en condiciones de igualdad para dichas comunidades, de tal forma que su constitución no menoscabe los derechos de los participantes que la integran: en materia de acceso de terceros a la red, posibilidad de constituir alguna de las soluciones de autoconsumo previstas en la normativa sectorial, derechos inherentes a los consumidores finales de electricidad (como por ejemplo en materia de cambio de suministrador, transparencia en facturas), etc.

No obstante, y como ya adelanta la propia directiva de mercado, la regulación debe preservar el carácter participativo y colaborativo de las misma, evitando la posible creación de figuras instrumentales por par-

te de sociedades incumbentes que busquen un propósito distinto que el que motivó su creación en primer lugar. Así, la directiva establece que "la pertenencia a las comunidades ciudadanas de energía debe estar abierta a todas las categorías de entidades. No obstante, deben reservarse las competencias de decisión dentro de una comunidad ciudadana de energía a aquellos miembros o socios que no participen en una actividad económica a gran escala y para los cuales el sector de la energía no constituya un ámbito de actividad económica principal".

Por lo demás, dichas comunidades deben poder adquirir cualquier apariencia jurídica, como asociación, cooperativa, sociedad, organización sin ánimo de lucro o pyme, siempre que dichas entidades puedan ejercer sus derechos y estén sujetas a obligaciones en nombre propio y cumplan asimismo con los requisitos establecidos en este real decreto y en la restante normativa de aplicación.

III

El capítulo II desarrolla la definición de las comunidades de energías renovables y los requisitos que estas deben cumplir para poder adquirir esta condición. Se regulan a su vez en este capítulo los derechos y obligaciones de dichas comunidades y de sus socios o miembros, así como el marco facilitador que fomentará el desarrollo de estas comunidades.

Análogamente, el capítulo III desarrolla la figura de las comunidades ciudadanas de energía, sus requisitos, derechos y obligaciones, así como las de sus socios o miembros, como desarrollo de lo dispuesto en la Directiva (UE) 2019/944 del Parlamento Europeo y el Consejo, de 5 de junio de 2019.

El capítulo IV regula algunas particularidades aplicables tanto a las comunidades de energías renovables como a las comunidades ciudadanas de energía, en relación con el otorgamiento del régimen económico de energías renovables.

La disposición adicional primera prevé la realización por parte del IDAE de una evaluación de los obstáculos existentes y del potencial de desarrollo de las comunidades de energías renovables.

Por otra parte, la disposición adicional segunda transpone algunas de las disposiciones relativas a sistemas urbanos de calefacción y refrigeración de fuentes de energías renovables de la Directiva 2018/2001 del Parlamento Europeo y del Consejo, de 11 de diciembre de 2018, con el fin de promocionar su desarrollo, alentando a las administraciones regionales y locales a tenerlas en cuenta en su planificación. Asimismo, la disposición adicional tercera traspone determinadas obligaciones establecidas en el artículo 3.3 de la citada directiva relativas a los residuos.

La disposición final primera modifica determinados aspectos del Real Decreto 413/2014, de 6 de junio, por el que se regula la actividad de producción de energía eléctrica a partir de fuentes de energía renovables, cogeneración y residuos. En primer lugar, se introduce la exigencia de cumplir con las obligaciones de recogida separada de residuos ya vigentes como requisito para poder percibir el régimen retributivo específico, concretando en este ámbito lo dispuesto con carácter general en la disposición adicional tercera. Asimismo, se modifica el artículo 22 del mismo real decreto, al objeto de dejar sin efecto el ajuste por desviaciones en el precio de mercado para las instalaciones cuyos costes de explotación dependen esencialmente del precio del combustible, cuando la metodología de actualización de la retribución a la operación prevea un ajuste alternativo.

Esto resulta necesario para evitar la doble aplicación del ajuste por desviaciones en estas instalaciones. Por último, se modifica el apartado 3 del anexo XV relativo a la prioridad para la evacuación de la electricidad producida por las instalaciones a partir de fuentes de energía renovables.

IV

Por lo anteriormente explicado, mediante este real decreto se transponen al ordenamiento jurídico nacional los artículos 2.8, 2.9, 2.16, 2.19, 2.20, 3.3, 15.1, 15.3 y 22 de la Directiva (UE) 2018/2001 del Parlamento Europeo y del Consejo, de 11 de diciembre de 2018, así como los artículos 2.7 y 16 de la Directiva (UE) 2019/944 del Parlamento Europeo y el Consejo, de 5 de junio de 2019.

Este real decreto ha sido elaborado teniendo en cuenta los principios de necesidad, eficacia, proporcionalidad, seguridad jurídica, transparencia, y eficiencia que conforman los principios de buena regulación a que se refiere el artículo 129.1 de la Ley 39/2015, de 1 de octubre, Procedimiento Administrativo Común de las Administraciones Públicas.

De este modo, cumple con el principio de necesidad al ser requerido para la trasposición de la Directiva 2018/2001, de 11 de diciembre de 2018. También cumple con el principio de eficacia, al ser la norma adecuada para la consecución de dichos objetivos.

Se adecúa, asimismo, al principio de proporcionalidad, dado que la norma contiene la regulación imprescindible para atender la necesidad a cubrir, sin que existan otras medidas menos restrictivas de derechos o que impongan menos obligaciones a los destinatarios para la consecución de los fines previstos en la misma.

Por otra parte, se ajusta al principio de seguridad jurídica, al desarrollar y ser coherente con lo establecido en las disposiciones legales y reglamentarias que le sirven de fundamento.

También cumple con el principio de transparencia, al haberse evacuado, en su tramitación, los correspondientes trámites de consulta pública previa y audiencia.

Además, define claramente sus objetivos, tanto en este preámbulo como en la Memoria de Análisis del Impacto Normativo que le acompaña.

Por último, es coherente con el principio de eficiencia, dado que esta norma no impone cargas administrativas innecesarias o accesorias.

De conformidad con el artículo 26.6 de la Ley 50/1997, de 27 de noviembre, del Gobierno, este real decreto ha sido sometido a consulta pública y trámite de audiencia mediante su publicación en el portal web del Ministerio para la Transición Ecológica y el Reto Demográfico.

DISPONGO:

CAPÍTULO I
Disposiciones generales

Artículo 1. Objeto.

Constituye el objeto del presente real decreto el desarrollo reglamentario de las siguientes figuras:

a) Las comunidades de energías renovables, reguladas en la Directiva (UE) 2018/2001 del Parlamento Europeo y del Consejo, de 11 de diciembre de 2018, relativa al fomento del uso de energía procedente de fuentes renovables.

b) Las comunidades ciudadanas de energía, previstas en la Directiva (UE) 2019/944 del Parlamento Europeo y el Consejo, de 5 de junio de 2019, sobre normas comunes para el mercado interior de la electricidad y por la que se modifica la Directiva 2012/27/UE.

Artículo 2. Definiciones.

A los efectos de lo establecido en el presente real decreto, se entenderá por:

1. «Pyme»: una microempresa, una pequeña o una mediana empresa tal como se definen en el artículo 2 del anexo de la Recomendación 2003/361/CE de la Comisión, de 6 de mayo de 2003, sobre la definición de microempresas, pequeñas y medianas empresas.

2. *«Pequeña empresa»: empresa que emplea a menos de cincuenta personas y cuyo volumen de negocios anual o balance anual total no superan los 10 millones de euros;*

CAPÍTULO II
Comunidades de energías renovables

Artículo 3. Definición de comunidad de energías renovables.

1. *Una comunidad de energías renovables es una entidad jurídica basada en la participación abierta y voluntaria, autónoma y efectivamente controlada por socios o miembros que están situados en las proximidades de los proyectos de energías renovables que sean propiedad de dicha entidad jurídica y que esta haya desarrollado, cuyos socios o miembros sean personas físicas, pymes o autoridades locales, incluidos los municipios y cuya finalidad primordial sea proporcionar beneficios medioambientales, económicos o sociales a sus socios o miembros o a las zonas locales donde operan, en lugar de ganancias financieras.*

A estos efectos, también podrán ser socios o miembros de las comunidades de energías renovables las agrupaciones o asociaciones de personas físicas, pymes o autoridades locales, siempre que estas cumplan los requisitos citados en el párrafo anterior y cuyos efectivos y límites financieros no sean superiores a los establecidos para las pymes.

2. *Las comunidades de energías renovables podrán adoptar cualquiera de las formas jurídicas previstas en el ordenamiento jurídico que dispongan de personalidad jurídica propia, siempre y cuando se garantice que son compatibles con los requisitos que se establecen en este capítulo.*

3. *Los estatutos de las comunidades de energías renovables, entendiendo estatutos como la normativa interna de la propia comunidad que regula su propio funcionamiento, deberán cumplir con lo exigido por la normativa que resulte de aplicación a la forma jurídica que corresponda y recogerán los principios y requisitos regulados en este capítulo. El objeto social contenido en los mismos deberá resultar asimismo acorde con lo dispuesto en la definición de las comunidades de energías renovables.*

**Artículo 4. Requisitos aplicables a las
comunidades de energías renovables.**

1. *Las comunidades de energías renovables deberán cumplir los siguientes requisitos:*

a) La comunidad de energías renovables estará formada por un mínimo de cinco socios o miembros.

b) Se entenderá que una comunidad de energías renovables está basada en la participación abierta si puede pertenecer a ella cualquier persona física o jurídica de naturaleza pública, privada o público-privada que reúna los requisitos que resulten exigibles, no pudiendo imponerse límites o condiciones injustificadas o discriminatorias.

c) La pertenencia a una comunidad de energía renovable será libre y voluntaria. Cualquier miembro o socio podrá abandonar dicha comunidad en cualquier momento, de acuerdo con las reglas de altas y bajas y en los términos establecidos en sus estatutos y en la normativa de aplicación.

d) Las comunidades de energías renovables conservarán su autonomía con relación a los miembros o socios y estarán efectivamente controladas por ellos. Se entenderá que se incumple este requisito cuando:

i) Un solo miembro o socio reúna más del 51% de los votos, o cuando la configuración

del régimen aplicable a la toma de decisiones que se adopte en los estatutos, o documento que regule el funcionamiento interno de la comunidad, suponga atribuir una posición de dominio a determinadas personas socias con respecto al resto.

ii) Un solo miembro o socio tenga la facultad de nombrar o destituir a la mayoría de los miembros del órgano de administración.

e) Se considerará que los socios o miembros de una comunidad de energías renovables están situados en las proximidades de un proyecto energético de dicha comunidad:

i) cuando el proyecto sea desarrollado en municipios de hasta 5.000 habitantes, aquellas personas que sean las propietarias de bienes inmuebles, tengan su residencia habitual o sean titulares de un punto de suministro en el municipio donde se desarrolla el proyecto, así como los de municipios directamente colindantes con éste, siempre que la población de éstos considerados individualmente no sea superior a 50.000 habitantes y que la población del conjunto de los municipios, incluyendo aquel en el que se desarrolla el proyecto, no sea superior a 50.000 habitantes.

ii) cuando el proyecto sea desarrollado en municipios de entre 5.001 y 50.000 habitantes, aquellas personas que sean las propietarias de bienes inmuebles tengan su residencia habitual o sean titulares de un punto de suministro en el municipio donde se desarrolla el proyecto.

iii) cuando los proyectos sean desarrollados en municipios de más de 50.000 habitantes, aquellas personas que sean las propietarias de bienes inmuebles, tengan su residencia habitual o sean titulares de un punto de *suministro en un radio de cinco kilómetros a la redonda del emplazamiento del primer proyecto finalizado de la comunidad de energías renovables.*

No se podrá realizar una fragmentación artificial de los proyectos con el objeto de cumplir fraudulentamente los anteriores criterios. Tampoco se podrán realizar proyectos en distintos municipios con el objeto de ampliar el ámbito de la comunidad de energías renovables, debiendo en este caso constituir comunidades independientes.

Para el cumplimiento del criterio de proximidad, los socios o miembros de entidades jurídicas que a su vez sean socias o miembros de la comunidad de energías renovables, deben cumplir asimismo lo establecido en este apartado.

f) Se entenderá que las comunidades de energías renovables proporcionan beneficios medioambientales, económicos y sociales a sus socios o miembros y a las zonas locales donde operan cuando destinen, principalmente, que no exclusivamente, los beneficios económicos que pudieran obtener a la reducción de costes de energía de sus socios o miembros, al desarrollo de actuaciones relacionadas con su objeto social, a inversiones que supongan una mejora ambiental del entorno o al desarrollo social de la localidad o localidades donde desarrollan su actividad.

Como puede apreciarse, en este **artículo 4 (así como en el 10)**, además de los requisitos regulados en las Directivas ya incluidos en la redacción de la Ley 24/2013, incluyen 4 cuestiones relevantes como son las siguientes:

- Establecen que las comunidades (tanto CER como CCE) estarán formadas por un mínimo de cinco socios y regulan la participación abierta en las comunidades, así como la pertenencia a ellas de forma libre y voluntaria.
- Regulan que las comunidades conservarán su autonomía con relación a sus miembros o socios y estarán efectivamente controladas por ellos. Los criterios de autonomía coinciden, pero los de control son distintos en CER y CCE.
- En el caso de las CER, se desarrolla el concepto de proximidad previsto en la Directiva (UE) 2018/2001 y recogido en la Ley 24/2013, de 26 de diciembre, graduable en función de la población del municipio en el que se desarrolle el proyecto.
- Establecen cómo se considera cumplido el requisito de proporcionar beneficios medioambientales, económicos y sociales a sus socios o miembros y a las zonas locales donde operan.

Artículo 5. Derechos y obligaciones de las comunidades de energías renovables.

1. *Las comunidades de energías renovables, en los términos previstos en la normativa sectorial de aplicación, tienen derecho a:*

a) producir, consumir, almacenar y vender energías renovables, en particular mediante contratos de compra de electricidad renovable;

b) compartir, en el seno de la comunidad de energías renovables, la energía renovable que produzcan las unidades de producción propiedad de dicha comunidad de energías renovables, a condición de cumplir los otros requisitos establecidos en el presente artículo y de mantener los derechos y obligaciones de los miembros de la comunidad de energías renovables en su condición de consumidores;

c) acceder a todos los mercados de la energía adecuados tanto directamente como mediante agregación de manera no discriminatoria.

d) actuar como representantes de los consumidores para la realización del autoconsumo colectivo, siempre que estos otorguen las correspondientes autorizaciones.

2. *Las comunidades de energías renovables que suministren energía o proporcionen servicios de agregación u otros servicios energéticos comerciales estarán sujetas a las disposiciones aplicables a tales actividades.*

3. *Las comunidades de energías renovables estarán sujetas a procedimientos justos, proporcionados y transparentes, incluidos los procedimientos de registro y de concesión de licencias, y a tarifas de la red que reflejen los costes, así como a los pertinentes cargos, gravámenes e impuestos, garantizando que contribuyen, de forma adecuada, justa y equilibrada, al reparto del coste global del sistema de acuerdo con un análisis coste-beneficio transparente de los recursos energéticos distribuidos, elaborado por las autoridades competentes.*

4. *Las comunidades de energías renovables no recibirán un trato discriminatorio en lo que atañe a sus actividades, derechos y obligaciones en su condición de clientes finales, productores, suministradores, u otros participantes en el mercado.*

5. *Las comunidades de energías renovables podrán tener cualquier derecho de uso o explotación o de cualquier otra naturaleza sobre los activos energéticos de los socios o usuarios que estos hayan vendido, cedido o aportado a la comunidad. Incluyendo, en particular, los activos que son propiedad de las entidades locales.*

Artículo 6. Derechos y obligaciones de los socios o miembros de las comunidades de energías renovables.

1. *Los consumidores finales, incluidos los consumidores domésticos, tienen derecho a participar en una comunidad de energías renovables a la vez que mantienen sus derechos u obligaciones como consumidores finales, y sin estar sujetos a condiciones injustificadas o discriminatorias, o a procedimientos que les impidan participar en una comunidad de energías renovables, siempre que, en el caso de las empresas privadas, su participación no constituya su principal actividad comercial o profesional.*

La participación en las comunidades de energías renovables será accesible a todos los consumidores, incluidos los de hogares con ingresos bajos o vulnerables;

2. *Los consumidores que participen en la comunidad de energías renovables tendrán derecho a un trato equitativo y no discriminatorio.*

3. *Los socios o miembros de una comunidad de energías renovables tienen derecho a abandonar libremente la comunidad, sin perjuicio de los requisitos temporales y de comunicación previa que, en cada caso, recojan sus estatutos.*

La pérdida de la condición de socio o miembro de una comunidad de energías renovables podrá llevar aparejado el derecho a recuperar las aportaciones que en concepto de inversiones hubiera realizado, en los términos que, en su caso, dispongan los estatutos reguladores de la comunidad, normas de funcionamiento interno o documento equivalente.

4. *Todos los socios o miembros de una comunidad de energías renovables tendrán derecho a participar en la toma de decisiones de la comunidad, en los términos que se recojan en los estatutos de la misma.*

5. *A los socios o miembros de una comunidad de energías renovables que operen en el sector eléctrico les resultarán de aplicación los derechos y obligaciones de los sujetos del sector eléctrico previstos en la Ley 24/2013, de 26 de diciembre, del Sector Eléctrico y en su normativa de desarrollo.*

6. *Sin perjuicio de lo dispuesto en este capítulo, los socios o miembros de las comunidades de energías renovables estarán sujetos a los derechos y obligaciones que en su caso recojan los estatutos o normas de régimen interno de cada entidad.*

En estos dos artículos (5 y 6 respecto de las CER), al igual que en los artículos 11 y 12 respecto de las CCE, se definen los derechos y obligaciones de las CER y de las CCE, y de sus socios o miembros, respectivamente. En este caso hay que decir que además de los derechos recogidos en la Directiva y ya incluidos en la redacción de la LSE, cabe destacar lo siguiente en cuanto a esa redacción:

- Las CER y las CCE podrán actuar como representantes de los consumidores para la realización del autoconsumo colectivo, siempre que estos otorguen las correspondientes autorizaciones.
- Las CER y las CCE podrán ejercer cualquier derecho de uso, explotación o de otra naturaleza sobre los activos energéticos que los socios o usuarios hayan vendido, cedido o aportado a la comunidad; en el caso de las CER, incluidos los que son propiedad de las entidades locales.
- Con carácter previo al inicio de la actividad se deberá remitir una declaración responsable al MITERD, el cual publicará una relación de CER y CCE.
- Se prevén cupos específicos para CER y CCE en las convocatorias para el otorgamiento del régimen económico de energías renovables regulado por el Real Decreto 960/2020, de 3 de noviembre.

Artículo 7. Marco facilitador.

1. Al objeto de fomentar y facilitar el desarrollo de las comunidades de energías renovables, las administraciones públicas, en el ejercicio de sus respectivas competencias, garantizarán que:

a) se eliminen los obstáculos reglamentarios y administrativos injustificados a las comunidades de energías renovables;

b) el gestor de la red de distribución correspondiente coopere con las comunidades de energías renovables para facilitar, en el seno de las comunidades de energías renovables, las transferencias de energía;

c) estén disponibles instrumentos para facilitar el acceso a la financiación y la información;

d) se proporcione apoyo reglamentario y de refuerzo de capacidades a las autoridades públicas para propiciar y crear comunidades de energías renovables, así como para ayudar a las autoridades a participar directamente;

2. Sin perjuicio de lo dispuesto en la normativa comunitaria en materia de ayudas de estado, al diseñar los sistemas de apoyo, se tendrán en cuenta las particularidades de las comunidades de energías renovables, a fin de que estas puedan competir por el apoyo en pie de igualdad con otros participantes en el mercado.

Artículo 8. Declaración responsable y relación de comunidades de energías renovables.

1. Con carácter previo al comienzo de la actividad, las comunidades de energías renovables deberán firmar y presentar ante la Dirección General de Política Energética y Minas del Ministerio para la Transición Ecológica y el Reto Demográfico una declaración responsable sobre el cumplimiento de los requisitos establecidos en este capítulo. A estos efectos, se publicará en la citada página web el modelo para la elaboración de dicha declaración responsable, así como las instrucciones para su presentación.

2. En todo caso, el órgano competente podrá solicitar al interesado la documentación necesaria para acreditar el cumplimiento de los requisitos establecidos en la normativa, en el ámbito de la concesión de ayudas u otros beneficios derivados de la condición de comunidad de energías renovables.

3. Cualquier hecho que suponga la modificación de alguno de los datos incluidos en la declaración responsable originaria deberá ser comunicado por parte del interesado en el plazo máximo de un mes a partir del momento en que se produzca, adjuntando la correspondiente declaración responsable.

4. La Dirección General de Política Energética y Minas publicará en la página web del Ministerio para la Transición Ecológica y el Reto Demográfico y mantendrá actualizado con una periodicidad al menos mensual, una relación que incluya a las comunidades de energías renovables que le hayan remitido una declaración responsable sobre el cumplimiento de los requisitos establecidos en este capítulo.

5. Lo anterior, sin perjuicio de los listados o registros que puedan crear las comunidades autónomas en el ámbito de sus competencias para incluir las comunidades de energías renovables que realicen la actividad en su territorio.

CAPÍTULO III
Comunidades ciudadanas de energía

Artículo 9. Definición de comunidad ciudadana de energía.

1. Una comunidad ciudadana de energía es una entidad jurídica basada en la participación voluntaria y abierta, cuyo control efectivo lo ejercen socios o miembros que sean personas físicas, autoridades locales, incluidos los municipios, o pequeñas empresas, y cuyo objetivo principal consiste en ofrecer beneficios medioambientales, económicos o sociales a sus

miembros, socios o a la localidad en la que desarrolla su actividad, más que generar una rentabilidad financiera.

A estos efectos, podrá ser socios o miembros de una comunidad ciudadana de energía las personas físicas y jurídicas, siempre que se cumplan los requisitos establecidos en este real decreto para la válida constitución de las comunidades ciudadanas de energías.

2. Las comunidades ciudadanas de energía podrán adoptar cualquiera de las formas jurídicas previstas en el ordenamiento jurídico que dispongan de personalidad jurídica propia, siempre y cuando se garantice que son compatibles con los requisitos que se establecen en este capítulo.

3. Los estatutos de las comunidades ciudadanas de energía deberán cumplir con lo exigido por la normativa que resulte de aplicación a la forma jurídica que corresponda y recogerán los principios y requisitos regulados en este capítulo. El objeto social contenido en los mismos deberá resultar asimismo acorde con lo dispuesto en la definición de las comunidades ciudadanas de energía.

4. El ámbito de actuación de las comunidades ciudadanas de energía se circunscribirá exclusivamente al sector eléctrico.

Artículo 10. Requisitos aplicables a las comunidades ciudadanas de energía.

A través de la firma y presentación ante el Ministerio para la Transición Ecológica y el Reto Demográfico de una declaración responsable, la comunidad ciudadana de energía declara el cumplimiento de los requisitos iniciales para comenzar la actividad, los cuales se recogen a continuación:

1. La comunidad ciudadana de energía estará formada por un mínimo de cinco socios o miembros.

2. Se entenderá que una comunidad ciudadana de energía está basada en la participación abierta si puede pertenecer a ella cualquier persona física o jurídica de naturaleza pública, privada o público-privada que reúna los requisitos que resulten exigibles, no pudiendo imponerse límites o condiciones injustificadas o discriminatorias.

3. La pertenencia a una comunidad ciudadana de energía será libre y voluntaria.

Cualquier miembro o socio podrá abandonar dicha comunidad en cualquier momento, de acuerdo con las reglas de altas y bajas y en los términos establecidos en sus estatutos y en la normativa de aplicación.

4. La comunidad ciudadana de energía conservará su autonomía con relación a los miembros o socios. Se entenderá que se incumple este requisito cuando:

1.º *Un solo miembro o socio reúna más del 51% de los votos, o cuando la configuración del régimen aplicable a la toma de decisiones que se adopte en los estatutos, o documento que regule el funcionamiento interno de la comunidad, suponga atribuir una posición de dominio a determinadas personas socias con respecto al resto.*

2.º *Un solo miembro o socio tenga la facultad de nombrar o destituir a la mayoría de los miembros del órgano de administración.*

5. *La comunidad ciudadana de energía estará efectivamente controlada por personas físicas, pequeñas empresas o autoridades locales, incluidos los municipios. Se entenderá que se incumple este requisito cuando:*

1.º *Los socios o miembros que no sean personas físicas, pequeñas empresas o autoridades locales, incluidos los municipios, reúnan más del 51% de los votos, o cuando la configuración del régimen aplicable a la toma de decisiones que se adopte en los estatutos, o documento que regule el funcionamiento interno de la comunidad, suponga atribuir una posición de dominio a los socios o miembros que no sean personas físicas, pequeñas empresas o autoridades locales, incluidos los municipios, con respecto al resto.*

2.º *Los socios o miembros que no sean personas físicas, pequeñas empresas o autoridades locales, incluidos los municipios tengan la facultad de nombrar o destituir a la mayoría de los miembros del órgano de administración.*

6. *Se entenderá que la comunidad ciudadana de energía proporciona beneficios medioambientales, económicos y sociales a sus socios o miembros y a las zonas locales donde operan cuando destinen, principalmente, los beneficios económicos que pudieran obtener a la reducción de costes de energía de sus socios o miembros, al desarrollo de actuaciones relacionadas con su objeto social, a inversiones que supongan una mejora ambiental del entorno o al desarrollo social de la localidad o localidades donde desarrollan su actividad.*

Artículo 11. Derechos y obligaciones de las comunidades ciudadanas de energía.

1. *Las comunidades ciudadanas de energía tendrán los siguientes derechos:*

a) Podrán acceder a todos los mercados organizados de producción de energía eléctrica directamente o a través de la agregación de forma no discriminatoria. Cuando la participación en dichos mercados se realice de forma directa, esta se realizará de conformidad con las reglas de funcionamiento de los mercados diario e intradiario de energía eléctrica y de los mercados de balance que establezca la autoridad competente, a través de alguna de las figuras previstas en aquella regulación;

b) Tendrán garantizado un trato no discriminatorio y proporcionado en relación con el ejercicio de sus actividades, derechos y obligaciones como clientes finales, generadores, suministradores, o participantes en el mercado que presten servicios de agregación; Así, a los efectos que resulten de aplicación, contarán con los mismos derechos y obligaciones asociados a los consumidores de energía eléctrica definidos en el artículo 44 de la Ley 24/2013, de 26 de diciembre, del Sector Eléctrico, en particular los asociados a la prestación de servicios de recarga energética de vehículos eléctricos, de conformidad con lo establecido en el Real Decreto 184/2022, de 8 de marzo, por el que se regula la actividad de prestación de servicios de recarga energética de vehículos eléctricos.

También quedarán sometidos, en su caso, al pago de los peajes de acceso a la red de transporte y distribución y los cargos del sistema eléctrico en las mismas condiciones que las previstas en el marco general regulatorio establecido en la Circular 3/2020, de 15 de enero, de la Comisión Nacional de los Mercados y la Competencia, por la que se establece la metodología para el cálculo de los peajes de transporte y distribución de electricidad y en el Real Decreto 148/2021, de 9 de marzo, por el que se establece la metodología de cálculo de los cargos del sistema eléctrico, respectivamente.

Asimismo, podrá ejercer la actividad de comercialización en las mismas condiciones que las comercializadoras de energía eléctrica, resultándoles de aplicación el marco regulatorio que resulta de aplicación a dichos sujetos del sistema eléctrico, y como tales serán sujetos de liquidación responsables del balance, en los términos previstos en la Resolución de 11 de diciembre de 2019, de la Comisión Nacional de los Mercados y la Competencia, por la que se aprueban las condiciones relativas al balance para los proveedores de servicios de balance y los sujetos de liquidación responsables del balance en el sistema eléctrico peninsular español.

c) Estarán sujetas a procedimientos y tasas, incluidos el registro y la concesión de licencias, equitativos, proporcionales y transparentes, así como a unas tarifas de acceso a la red transparentes y no discriminatorias, que reflejen los costes de conformidad con el artículo 18 del Reglamento (UE) 2019/943, y que garanticen que contribuyan de manera adecuada y equilibrada al reparto general de los costes del sistema.

d) actuar como representantes de los consumidores para la realización del autoconsumo colectivo, siempre que estos otorguen las correspondientes autorizaciones.

2. *Las comunidades ciudadanas de energía podrán tener cualquier derecho de uso o explotación o de cualquier otra naturaleza sobre los activos energéticos de los socios o usuarios que estos hayan vendido, cedido o aportado a la comunidad.*

Artículo 12. Derechos y obligaciones de los socios o miembros de las comunidades ciudadanas de energía.

1. *Los consumidores finales, incluidos los consumidores domésticos, tienen derecho a participar en una comunidad ciudadana de energía a la vez que mantienen sus derechos u obligaciones como consumidores finales, y sin estar sujetos a condiciones injustificadas o discriminatorias, o a procedimientos que les impidan participar en una comunidad ciudadana de energía, siempre que, en el caso de las empresas privadas, su participación no constituya su principal actividad comercial o profesional.*

La participación en las comunidades ciudadanas de energía será accesible a todos los consumidores, incluidos los de hogares con ingresos bajos o vulnerables.

2. *Los socios o miembros tendrán garantizados todos sus derechos y obligaciones como consumidores finales de energía eléctrica, de conformidad con lo establecido en el artículo 44 de la Ley 24/2013, de 26 de diciembre, del Sector Eléctrico, así como en su normativa de desarrollo.*

3. *Asimismo, los consumidores que formen parte de la comunidad ciudadana de energía podrán realizar autoconsumo individual o colectivo, en los términos establecidos en el Real Decreto 244/2019, de 5 de abril, por el que se regulan las condiciones administrativas, técnicas y económicas del autoconsumo de energía eléctrica. Las comunidades ciudadanas de energía podrán actuar como representantes de los consumidores a los efectos previstos en aquel real decreto siempre que estos otorguen las correspondientes autorizaciones.*

4. *Los consumidores que participen en la comunidad ciudadana de energía tendrán derecho a un trato equitativo y no discriminatorio.*

5. *Los socios o miembros de una comunidad ciudadana de energía tienen derecho a abandonar libremente la comunidad, sin perjuicio de los requisitos temporales y de comunicación previa que, en cada caso, recojan sus estatutos. En estos casos resultará de aplicación la regulación en materia de cambio de suministrador en el ámbito del sector eléctrico.*

La pérdida de la condición de socio o miembro de una comunidad ciudadana de energía podrá llevar aparejado el derecho a recuperar las aportaciones que en concepto de inversiones hubiera realizado, en los términos que, en su caso, dispongan los estatutos reguladores de la comunidad, normas de funcionamiento interno o documento equivalente.

6. *Todos los socios o miembros de una comunidad ciudadana de energía tendrán derecho a participar en la toma de decisiones de la comunidad, en los términos que se recojan en los estatutos de la misma y de acuerdo con los requisitos de autonomía y control efectivo establecidos en este capítulo.*

7. Sin perjuicio de lo dispuesto en este capítulo, los socios o miembros de las comunidades ciudadanas de energía estarán sujetos a los derechos y obligaciones que en su caso recojan los estatutos o normas de régimen interno de cada entidad.

Artículo 13. Relación de comunidades ciudadanas de energía.

1. *La Dirección General de Política Energética y Minas publicará en la página web del Ministerio para la Transición Ecológica y el Reto Demográfico y mantendrá actualizado con una periodicidad al menos mensual, una relación que incluya a las comunidades ciudadanas de energía que le hayan remitido una declaración responsable sobre el cumplimiento de los requisitos establecidos en este capítulo, de conformidad con lo establecido en el artículo 10. A estos efectos, se publicará en la citada página web el modelo para la elaboración de dicha declaración responsable, así como las instrucciones para su presentación.*

2. *En todo caso, el órgano competente podrá solicitar al interesado la documentación necesaria para acreditar el cumplimiento de los requisitos establecidos en la normativa, en el ámbito de la concesión de ayudas u otros beneficios derivados de la condición de comunidad ciudadana de energía.*

3. *Cualquier hecho que suponga la modificación de alguno de los datos incluidos en la declaración responsable originaria deberá ser comunicado por parte del interesado en el plazo máximo de un mes a partir del momento en que se produzca, adjuntando la correspondiente declaración responsable.*

4. *Lo anterior, sin perjuicio de los listados o registros que puedan crear las comunidades autónomas en el ámbito de sus competencias para incluir las comunidades ciudadanas de energía que realicen la actividad en su territorio.*

CAPÍTULO IV
Régimen económico de energías renovables aplicable a las instalaciones titularidad de comunidades de energías renovables o comunidades ciudadanas de energía

Artículo 14. Particularidades del régimen económico de energías renovables aplicables a las comunidades de energías renovables y a las comunidades ciudadanas de energía.

1. Las instalaciones de producción de energía eléctrica a partir de fuentes de energía renovables que sean propiedad de comunidades de energías renovables o de comunidades ciudadanas de energía podrán acceder al régimen económico de energías renovables previsto en el Real Decreto 960/2020, de 3 de noviembre, por el que se regula el régimen económico de energías renovables para instalaciones de producción de energía eléctrica.

2. En los procedimientos de concurrencia competitiva que se convoquen para el otorgamiento del régimen económico de energías renovables, se podrán tener en cuenta las particularidades de las comunidades de energías renovables y de las comunidades ciudadanas de energía, incluyendo mecanismos de adhesión a la misma, para que estas puedan competir por el acceso al marco retributivo en nivel de igualdad con otros participantes. Todo ello de acuerdo con la normativa comunitaria.

Artículo 15. Calendario previsto para el acceso a instrumentos económicos de apoyo.

En el calendario indicativo previsto para el acceso a instrumentos económicos de apoyo, definido en el artículo 12 del Real Decreto 960/2020, de 3 de noviembre, se incluirán cupos específicos para instalaciones titularidad de comunidades de energías renovables y de comunidades ciudadanas de energía.

Disposición adicional primera. Evaluación de los obstáculos existentes y del potencial de desarrollo de las comunidades de energías renovables.

En el plazo de 18 meses desde la aprobación de este real decreto, el Instituto para la Diversificación y Ahorro de la Energía (IDAE) E.P.E, M.P llevará a cabo una evaluación de los obstáculos existentes y del potencial de desarrollo de las comunidades de energías renovables. Dicha evaluación se publicará en la página web de dicho instituto.

Disposición adicional segunda. Fomento de las redes de calor y frío renovables en cumplimiento de la Directiva 2018/2001 del Parlamento

Europeo y del Consejo, de 11 de diciembre de 2018, relativa al fomento del uso de energía procedente de fuentes renovables.

1. A efectos del cumplimiento de la Directiva 2018/2001 se entenderá por:

a) Calor y frío residuales: calor o frío inevitables generados como subproducto en instalaciones industriales o de generación de electricidad, o en el sector terciario, que se disiparían sin utilizar en el aire o el agua sin acceso a un sistema urbano de calefacción o refrigeración, cuando se haya utilizado o se vaya a utilizar un proceso de cogeneración o cuando la cogeneración no sea viable.

b) sistema urbano de calefacción o sistema urbano de refrigeración: distribución de energía térmica en forma de vapor, agua caliente o fluidos refrigerantes, desde fuentes centrales o descentralizadas de producción a través de una red hacia múltiples edificios o emplazamientos, para la calefacción o la refrigeración de espacios o procesos.

c) sistema urbano eficiente de calefacción y refrigeración: un sistema urbano eficiente de calefacción y refrigeración tal como se define en el artículo 2, punto 41, de la Directiva 2012/27/UE.

2. La autorización, certificación y concesión de licencias que se aplican a las instalaciones y redes conexas de transporte y distribución para la producción de calor o frío a partir de fuentes renovables, deberán ser proporcionadas y necesarias y contribuirán al cumplimiento del principio "primero, la eficiencia energética".

Los organismos administrativos locales y regionales tomarán en consideración la calefacción y la refrigeración procedentes de fuentes renovables en la planificación de la infraestructura de las ciudades cuando corresponda.

Disposición adicional tercera. Energía renovable procedente de residuos.

1. Las políticas a adoptar por las distintas administraciones públicas en el ámbito de sus respectivas competencias, incluidas las obligaciones derivadas de los objetivos de energías renovables en el sector del transporte, así como los sistemas de apoyo, se concebirán respetando la jerarquía de residuos establecida en el artículo 8 de la Ley 7/2022, de 8 de abril, de residuos y suelos contaminados para una economía circular, con el fin de evitar distorsiones indebidas en los mercados de materias primas.

2. Las administraciones públicas no proporcionarán apoyo a la energía renovable producida en la incineración de residuos si no se han cumplido las obligaciones de recogida separada establecidas en el artículo 25 de la Ley 7/2022, de 8 de abril, y en su normativa de desarrollo. Asimis-

mo, tal apoyo no impedirá el cumplimiento de los objetivos regulados en el artículo 26 de la mencionada ley.

Disposición transitoria única. Configuraciones singulares de medida en Hibridación de plantas industriales con cogeneraciones.

1. Se extiende el plazo previsto en el segundo párrafo de la disposición adicional tercera del Real Decreto 1183/2020, de 29 de diciembre, de acceso y conexión a las redes de transporte y distribución de energía eléctrica, sobre hibridación de plantas industriales con cogeneraciones, hasta el 31 de diciembre de 2024.

2. Adicionalmente, aquellas instalaciones que no dispongan de resolución de la Dirección General de Política Energética y Minas que autorice configuración singular de medida podrán solicitarla hasta el 31 de diciembre de 2023.

A estos efectos, los titulares de las instalaciones deberán aportar junto con la solicitud:

a) Documentación que acredite la imposibilidad técnica o física para adaptar su configuración de medida a las condiciones generales

b) Documentación del encargado de la lectura de los consumos en el que se acredite que la configuración de medida es apta para la obtención de las medidas necesarias para la correcta facturación.

c) Documentación del encargado de la lectura del punto frontera de generación en el que se acredite que la configuración de medida es apta para la obtención de las medidas necesarias para la liquidación.

d) Propuesta de plazo para la adecuación de la instalación a la propuesta de configuración singular de medida que en ningún caso podrá exceder de nueve meses.

La Dirección General de Política Energética y Minas autorizará la utilización de una configuración de medida cuando se acredite la imposibilidad técnica o física para adaptar la configuración de medida a las condiciones generales y los certificados de los encargados de la lectura de los puntos frontera de consumidores y de producción declaren que la propuesta de configuración de medida es apta para la obtención de las medidas necesarias.

La resolución de la Dirección General de Política Energética y Minas que, en su caso, autorice la utilización de una configuración de medida determinará el plazo máximo para la adecuación de la instalación a la misma.

El plazo para resolver y notificar la autorización para utilizar una configuración singular de medida será de seis meses.

Disposición derogatoria única. Derogación normativa.

Quedan derogadas cuantas disposiciones de igual o inferior rango se opongan a lo establecido en el presente real decreto.

Disposición final primera. Modificación del Real Decreto 413/2014, de 6 de junio, por el que se regula la actividad de producción de energía eléctrica a partir de fuentes de energía renovables, cogeneración y residuos.

El Real Decreto 413/2014, de 6 de junio, por el que se regula la actividad de producción de energía eléctrica a partir de fuentes de energía renovables, cogeneración y residuos, queda modificado de la siguiente forma.

Uno. Se modifica el artículo 8.2, que queda redactado en los siguientes términos:

«2. Los titulares de las instalaciones inscritas en el registro de régimen retributivo específico deberán enviar al Ministerio para la Transición Ecológica y el Reto Demográfico o al organismo encargado de realizar la liquidación, la información relativa a la energía eléctrica generada, al cumplimiento del rendimiento eléctrico equivalente y del ahorro de energía primaria porcentual, a los volúmenes de combustible utilizados, al cumplimiento de los criterios de sostenibilidad y de reducción de las emisiones de gases de efecto invernadero aplicables a los biolíquidos, biogás y combustibles sólidos de biomasa, al cumplimiento de las obligaciones de recogida separada de residuos, a las condiciones que determinaron el otorgamiento del régimen retributivo específico, a los costes o a cualesquiera otros aspectos que sean necesarios para el adecuado establecimiento y revisión de los regímenes retributivos en los términos que se establezcan.»

Dos. Se incorpora un apartado 7 al artículo 22, con el siguiente tenor:

«7. Lo previsto en los apartados 2 a 6 no será de aplicación a las instalaciones tipo cuyos costes dependen esencialmente del precio del combustible a las que resulte de aplicación el artículo 20.3 cuando la orden de metodología de actualización de la retribución a la operación en vigor prevea un ajuste alternativo para compensar la desviación del precio del mercado. En este caso, el valor de ajuste por desviaciones en el precio del mercado será cero a los efectos del anexo VI y XIII.

Tres. Se introduce un nuevo artículo 33 ter, con el siguiente literal:

«Artículo 33 ter. Incumplimiento de las obligaciones de recogida separada de residuos aplicables a las instalaciones del grupo c.1 y c.2.

1. Los titulares de las instalaciones del grupo c.1 con derecho a la percepción del régimen retributivo específico deberán acreditar el cumplimiento de las obligaciones de recogida separada establecidas en los ar-

tículos 25.2 y 25.3 de la Ley 7/2022, de 8 de abril, de residuos y suelos contaminados para una economía circular y su normativa de desarrollo, tanto para todas las entidades locales como para los productores de residuos comerciales e industriales a los que preste servicio.

2. Los titulares de las instalaciones del grupo c.2 con derecho a la percepción del régimen retributivo específico deberán acreditar el cumplimiento de las obligaciones de recogida separada establecidas en el artículo 25.3 de la Ley 7/2022, de 8 de abril, en lo que respecta a los materiales indicados en el artículo 25.2 de dicha ley, y su normativa de desarrollo.

3. Aquellas instalaciones que no acrediten el cumplimiento de las citadas obligaciones de recogida separada de residuos no tendrán derecho a la percepción del régimen retributivo específico correspondiente al año del incumplimiento, percibiendo únicamente el precio del mercado de producción.»

Cuatro. Se modifica el apartado 1.d) de la disposición transitoria tercera, que queda redactada como sigue:

«d) En el caso de instalaciones de la categoría c) del artículo 2.1, los titulares o explotadores remitirán, al menos, una relación de los tipos de combustible utilizado, indicando la cantidad anual empleada en toneladas al año y el PCI medio, en kcal/kg, de

cada uno de ellos. Asimismo, los titulares de las instalaciones de los grupos c.1 y c.2 deberán remitir una declaración responsable que acredite el cumplimiento de las obligaciones de recogida separada de residuos. Para ello deberán solicitar, por un lado a las entidades locales un certificado donde se refleje su cumplimiento respecto de las obligaciones de recogida separada establecidas en el artículo 25.2 de la Ley 7/2022, de 8 de abril, o en sus normas de desarrollo, y por otro, a los productores de residuos comerciales e industriales, una declaración de que cumplen con lo dispuesto en el artículo 25.3.»

Cinco. Se añade la disposición transitoria decimonovena, con la siguiente redacción:

«Disposición transitoria decimonovena. Aplicación de las obligaciones de recogida separada de residuos.

Lo dispuesto en el artículo 33 ter será de aplicación para la energía eléctrica generada a partir del 1 de enero de 2024.»

Seis. Se modifica el apartado 3 del anexo XV, que queda redactado en los siguientes términos:

«3. Siempre que se salvaguarden las condiciones de seguridad y calidad de suministro para el sistema eléctrico, en condiciones económicas de igualdad y con las limitaciones que, de acuerdo a la normativa vigente se

establezcan por el operador del sistema o en su caso por el gestor de la red distribución, las instalaciones de producción de energía eléctrica a partir de fuentes de energía renovables y cogeneración de alta eficiencia tendrán prioridad para la evacuación de la energía producida.»

Disposición final segunda. Modificación del Real Decreto 1183/2020, de 29 de diciembre, de acceso y conexión a las redes de transporte y distribución de energía eléctrica.

El Real Decreto 1183/2020, de 29 de diciembre, de acceso y conexión a las redes de transporte y distribución de energía eléctrica queda modificado como sigue:

Uno. Se modifica el título del artículo 18 que queda redactado como sigue:

«Artículo 18. Celebración de concursos de capacidad de acceso en determinados nudos de la red de transporte.»

Dos. Se modifica el apartado primero del artículo 18 que queda redactado como sigue:

«1. De conformidad con lo previsto en el apartado 10 del artículo 33 de la Ley 24/2013, de 26 de diciembre, mediante orden de la persona titular del Ministerio para la Transición Ecológica y el Reto Demográfico, previo informe de la Comisión Delegada del Gobierno para Asuntos Económicos, se podrán convocar concursos de capacidad de acceso en un nudo concreto de la red de transporte para nuevas instalaciones de generación de energía eléctrica que utilicen fuentes de energía primaria renovable o que formen parte de proyectos de descarbonización industrial, y para instalaciones de almacenamiento.»

Tres. Se modifica la letra b) del apartado primero del artículo 19 que queda redactada como sigue:

«b) Los participantes deberán estar interesados en construir instalaciones de almacenamiento, o instalaciones de generación de electricidad que utilicen fuentes de energía primaria renovable o que formen parte de proyectos de descarbonización industrial a las que podrán incorporarse, además, instalaciones de almacenamiento.»

Cuatro. Se modifica el apartado ii) de la letra a) del criterio 4º del artículo 19.1.d) que queda redactado como sigue:

«ii. Empleos indirectos generados en los municipios locales y adyacentes, tanto durante el proceso de construcción y puesta en marcha de las instalaciones, como durante la operación de las mismas. Se podrá distinguir por sectores o actividades relacionadas, compatibles o susceptibles de beneficiarse del proyecto.»

Cinco. Se modifica el párrafo segundo del apartado tercero del artículo 23 del Real Decreto 1183/2020, de 29 de diciembre, de acceso y conexión a las redes de transporte y distribución de energía eléctrica que queda redactado como sigue:

«A los efectos anteriores, la presentación ante el órgano competente para otorgar la autorización de la instalación del resguardo acreditativo de haber constituido la garantía deberá hacerse acompañar de una solicitud expresa para que dicho órgano se pronuncie sobre si la garantía está adecuadamente constituida, con el fin de poder presentar dicha confirmación ante el gestor de red pertinente y que este pueda admitir la solicitud. Con excepción de los casos en los que, de acuerdo con lo previsto en el artículo 10 de este real decreto, no sea necesario incluir el nudo o línea concreta donde se solicitará el acceso, la solicitud deberá incluir el nudo o línea y la tensión de la red de transporte o distribución a la que se prevé solicitar el acceso y la conexión. Si la solicitud o el resguardo de depósito de la garantía que la acompañan no fuesen acordes a la normativa, el órgano competente para otorgar la autorización de la instalación requerirá al interesado para que la subsane. A estos efectos, se considerará como fecha de presentación de la solicitud aquella en la que haya sido realizada la subsanación.»

Disposición final tercera. Liberación de capacidad en nudos reservados para concurso para instalaciones de generación que formen parte de comunidades energéticas.

1. En aquellos nudos en los que la persona titular de la Secretaría de Estado de Energía haya resuelto o resuelva la celebración de un concurso de capacidad conforme a lo previsto en el artículo 20.5 del Real Decreto 1183/2020, de 29 de diciembre, de acceso y conexión a las redes de transporte y distribución de energía eléctrica, se liberará el 5 por ciento del total de la capacidad disponible en cada uno de esos nudos que haya sido reservada en la fecha que en haya sido dictada la resolución antes señalada.

Esta capacidad podrá ser otorgada por el criterio general de ordenación a que se refiere el artículo 7 del Real Decreto 1183/2020, de 29 de diciembre, a nuevas instalaciones de generación de electricidad que formen parte de alguna comunidad energética constituida conforme a lo establecido en este real decreto.

Las condiciones anteriores dejarán de ser de aplicación transcurridos dos años desde la entrada en vigor de este real decreto. A partir de ese momento, la capacidad que no se haya otorgado bajo dichas condiciones estará disponible para el otorgamiento de acceso por el criterio general sin más restricciones que las inherentes al procedimiento de otorgamiento general o, en su caso, simplificado.

2. La capacidad liberada a la que se refiere el apartado anterior podrá ser otorgada tanto a instalaciones que accedan directamente a la red de transporte, como a las que accedan a través de la red de distribución cuando estas requieran de informe de aceptabilidad por parte del gestor de la red de transporte.

Disposición final cuarta. Liberación de capacidad en nudos reservados para concurso para autoconsumo.

1. En aquellos nudos en los que, con posterioridad a la entrada en vigor del Real Decreto-ley 6/2022, de 29 de marzo, por el que se adoptan medidas urgentes en el marco del Plan Nacional de respuesta a las consecuencias económicas y sociales de la guerra en Ucrania, la persona titular de la Secretaría de Estado de Energía haya resuelto o resuelva la celebración de un concurso de capacidad conforme a lo previsto en el artículo 20.5 del Real Decreto 1183/2020, de 29 de diciembre, se liberará el 10 por ciento del total de la capacidad disponible en cada uno de esos nudos que haya sido reservada en la fecha que en haya sido dictada la resolución antes señalada.

Esta capacidad podrá ser otorgada por el criterio general de ordenación a que se refiere el artículo 7 del Real Decreto 1183/2020, de 29 de diciembre, a nuevas instalaciones de generación de electricidad que utilicen fuentes de energía primaria renovable siempre que estas cumplan las siguientes condiciones:

a) Estar asociadas a una modalidad de autoconsumo.

b) El cociente entre la potencia contratada en el periodo P1 y la potencia de generación instalada sea al menos 0,5. Las condiciones anteriores dejarán de ser de aplicación transcurridos dos años desde la entrada en vigor de este real decreto. A partir de ese momento, la capacidad que no se haya otorgado bajo dichas condiciones estará disponible para el otorgamiento de acceso por el criterio general sin más restricciones que las inherentes al procedimiento de otorgamiento general o, en su caso, simplificado.

2. La capacidad liberada a la que se refiere el apartado anterior podrá ser otorgada tanto a instalaciones que accedan directamente a la red de transporte, como a las que accedan a través de la red de distribución cuando estas requieran de informe de aceptabilidad por parte del gestor de la red de transporte.

Disposición final quinta. Título competencial.

Este real decreto se dicta al amparo de lo previsto en el artículo 149.1.13ª y 25ª de la Constitución, que atribuye al Estado competencia exclusiva sobre las bases y coordinación de la planificación general de la actividad económica y las bases del régimen minero y energético.

Disposición final sexta. Incorporación de normas del Derecho de la Unión Europea.

Mediante este real decreto se incorpora parcialmente al ordenamiento jurídico nacional la Directiva 2018/2001 del Parlamento Europeo y del Consejo, de 11 de diciembre de 2018, relativa al fomento del uso de energía procedente de fuentes renovables.

Asimismo, este real decreto incorpora parcialmente al ordenamiento jurídico nacional la Directiva (UE) 2019/944 del Parlamento Europeo y del Consejo de 5 de junio de 2019 sobre normas comunes para el mercado interior de la electricidad y por la que se modifica la Directiva 2012/27/UE.

Disposición final séptima. Facultades de desarrollo.

Se habilita a la persona titular del Ministerio para la Transición Ecológica y el Reto Demográfico para desarrollar lo previsto en el presente real decreto.

Disposición final octava. Entrada en vigor.

El presente real decreto entrará en vigor el día siguiente al de su publicación en el "Boletín Oficial del Estado".

JUSTIFICACIÓN DEL PROYECTO POR PARTE DEL MINISTERIO PARA LA TRANSICIÓN ECOLÓGICA Y EL RETO DEMOGRÁFICO

Junto con el texto del Proyecto de Real Decreto, la web del MITECO incluyó, en mayo de 2023, en el apartado relativo a "Información Pública"[98], un documento adicional, denominado **"Main de la propuesta"** y titulado **"MEMORIA DEL ANÁLISIS DE IMPACTO NORMATIVO DEL PROYECTO DE REAL DECRETO POR EL QUE SE DESARROLLAN LAS FIGURAS DE LAS COMUNIDADES DE ENERGÍAS RENOVABLES Y LAS COMUNIDADES CIUDADANAS DE ENERGÍA"** que incluye los siguientes apartados: ficha del resumen ejecutivo, oportunidad de la propuesta (motivación, objetivos, análisis de alternativas y adecuación a los principios de buena regulación), contenido, análisis jurídico y técnico (fundamentación jurídica y rango normativo, engarce con el Derecho nacional y con el Derecho de la Unión Europea, entrada

---

[98] https://energia.gob.es/es-es/participacion/paginas/DetalleParticipacionPublica.aspx?k=595

en vigor y derogación normativa), adecuación de la norma al orden constitucional de distribución de competencias, descripción de la tramitación y análisis de impactos (económico, presupuestario, de cargas administrativas, por razón de género, en la infancia y adolescencia, en la familia, en materia de igualdad, no discriminación y accesibilidad universal de las personas con discapacidad y por razón de cambio climático).

Por su relevancia, a continuación recogemos de forma textual los principales apartados de la referida Memoria del MITECO:

I OPORTUNIDAD DE LA PROPUESTA

1. MOTIVACIÓN

La Directiva (UE) 2018/2001 del Parlamento Europeo y del Consejo, de 11 de diciembre de 2018, relativa al fomento del uso de energía procedente de fuentes renovables, sitúa a la ciudadanía en el centro de la transición energética. En particular, introduce un nuevo actor en el sector energético: las comunidades de energías renovables. Estas entidades tienen como finalidad primordial el brindar beneficios medioambientales, económicos o sociales a sus miembros, y se conciben para facilitar la participación de personas físicas, pymes o autoridades locales en proyectos de energías renovables que se desarrollen en su proximidad.

Es importante señalar que las comunidades de energías renovables no se circunscriben al ámbito eléctrico, donde el autoconsumo ofrece importantes ventajas en línea con los objetivos de participación ciudadana en la transición a las energías renovables, sino que pueden además impulsar la eficiencia energética, o centrarse en otros usos energéticos como el transporte o el suministro de calefacción y refrigeración.

La transición energética en la que estamos inmersos brinda nuevas oportunidades a estos agentes, tradicionalmente consumidores pasivos, mediante nuevos sistemas de cooperación que facilitan un acceso más justo y eficiente a los recursos energéticos. Sin embargo, teniendo en cuenta las dificultades específicas a las que se enfrentan estas entidades, por su pequeño tamaño y su estructura de propiedad particular, debe establecerse un marco facilitador que les permita el acceso a los mercados sin discriminación. Entre las barreras más relevantes se encuentran la complejidad de los procedimientos administrativos, la dificultad en el acceso a la financiación, y la falta de conocimiento experto.

En el ámbito nacional, en el Plan Nacional Integrado de Energía y Clima 2021-2030 (PNIEC) se recogen varias medidas encaminadas a desarrollar las comunidades de energías renovables. En particular, la medida 1.13. Comunidades energéticas locales y la medida 1.6. Marco para el desarrollo de las energías renovables térmicas se centran en el desarrollo de comunidades energéticas en diferentes ámbitos. Asimismo, el PNIEC prevé expresamente mecanismos de participación ciudadana en diversas medidas. En la medida 1.1. Desarrollo de nuevas instalaciones de generación eléctrica con renovables, a través de la participación local en proyectos de generación renovable; en las medidas 1.2. Gestión de la demanda, almacenamiento y flexibilidad y 1.4. Desarrollo del autoconsumo con renovables y la generación distribuida, a través del fomento de la participación ciudadana; y, por último, en la medida 1.14. Promoción del papel proactivo de la ciudadanía en la descarbonización, a través de la participación ciudadana en la definición de las políticas energéticas locales, regionales y nacionales.

Por otro lado, en el marco del Plan de Recuperación, Transformación y Resiliencia, mediante la Orden TED/1446/2021, de 22 de diciembre, por la que se aprueban las bases reguladoras para la concesión de ayudas del programa de incentivos a proyectos piloto singulares de comunidades energéticas (Programa CE Implementa), se pretende impulsar el desarrollo y consolidación de las comunidades energéticas. La Orden TED/1021/2022, de 25 de octubre, por la que se aprueban las bases reguladoras para la concesión de ayudas a Oficinas de Transformación Comunitaria para la promoción y dinamización de comunidades energéticas (Programa CE Oficinas), tiene como finalidad establecer líneas de ayudas para fortalecer el sistema de apoyo a los actores interesados en la creación y desarrollo de comunidades energéticas.

En la regulación nacional, el artículo 3 del Real Decreto 960/2020, de 3 de noviembre, por el que se regula el régimen económico de energías renovables para instalaciones de producción de energía eléctrica establece que se podrán tener en cuenta las particularidades de las comunidades de energías renovables, para que puedan tener acceso al marco retributivo en nivel de igualdad. En esa línea, desde la segunda subasta del régimen económico de energías renovables, celebrada el 19 de octubre de 2021, se han previsto cupos específicos para nuevas instalaciones fotovoltaicas de generación distribuida con carácter local.

Asimismo, la figura de la comunidad de energías renovables se ha transpuesto al ordenamiento jurídico mediante el artículo 4 del Real Decreto-ley 23/2020, de 23 de junio, por el que se aprueban medidas en materia de energía y en otros ámbitos para la reactivación económica, y por el que se modifican varios artículos de la Ley 24/2013, de 26 de di-

ciembre, del Sector Eléctrico. No obstante, para la adecuada trasposición de la Directiva (UE) 2018/2001 del Parlamento Europeo y del Consejo, de 11 de diciembre de 2018, es necesario desarrollar reglamentariamente esta figura, así como los requisitos que debe cumplir, sus derechos, obligaciones y el marco facilitador que le resulta aplicable.

Una motivación similar aconseja la regulación de las denominadas comunidades ciudadanas de energía. Estas, dotadas de virtualidad jurídica por medio de la Directiva (UE) 2019/944 del Parlamento Europeo y el Consejo, de 5 de junio de 2019, sobre normas comunes para el mercado interior de la electricidad y por la que se modifica la Directiva 2012/27/ UE, se erigen como un nuevo vehículo de participación ciudadana que reportará beneficios de toda índole (sociales, medioambientales, económicos, etc.), no solo para sus miembros sino para el conjunto del sistema eléctrico.

En el contexto de transición energética antes apuntado, resulta necesario dotar a los consumidores finales de energía eléctrica de nuevas herramientas que les permitan aprovecharse de los beneficios derivados de la continua penetración de energías renovables, ofreciéndoles alternativas a los modelos tradicionales de suministro de energía eléctrica, y dotándoles de un empoderamiento hasta ahora desconocido. Es esta la perspectiva que justifica la aparición de estos nuevos modelos de participación ciudadana, entre los que destacan las comunidades ciudadanas de energía.

Por último, con este proyecto de real decreto se introducen en la normativa nacional algunos aspectos regulados en la Directiva (UE) 2018/2001 del Parlamento Europeo y del Consejo, de 11 de diciembre de 2018, relativos a los sistemas urbanos de calefacción y refrigeración de fuentes de energías renovables, con el fin de promocionar su desarrollo, alentando a las administraciones regionales y locales a tenerlas en cuenta en su planificación. Asimismo, se incorporan determinadas obligaciones establecidas en el artículo 3.3 de la citada directiva relativas a los residuos.

Por lo anteriormente expuesto, es necesaria la aprobación de este real decreto para transponer al ordenamiento jurídico nacional los artículos 2.8, 2.9, 2.16, 2.19, 2.20, 3.3, 15.1, 15.3 y 22 de la Directiva (UE) 2018/2001 del Parlamento Europeo y del Consejo, de 11 de diciembre de 2018; así como el artículo 16 de la Directiva (UE) 2019/944 del Parlamento Europeo y el Consejo, de 5 de junio de 2019, sobre normas comunes para el mercado interior de la electricidad y por la que se modifica la Directiva 2012/27/UE.

2. OBJETIVOS

Constituye el objeto de este real decreto el desarrollo reglamentario de dos figuras de nueva creación: las comunidades de energías renovables, y las comunidades ciudadanas de energía.

Para cumplir con los ambiciosos objetivos españoles y europeos de descarbonización de la economía es necesaria una profunda transformación de los modelos energéticos tradicionales.

Esta transformación es en primer lugar tecnológica, a medida que las tecnologías energéticas convencionales sustituyen paulatinamente por tecnologías que aprovechan recursos renovables, pero también implica la aparición de nuevos mercados y nuevos modelos de negocio.

Es una oportunidad única para que los consumidores, tradicionalmente pasivos, tomen un papel protagonista en el sector, y con ello conseguir una transición energética más justa, en el que los beneficios obtenidos, tanto medioambientales como económicos, reviertan directamente al consumidor. Especialmente destacable es el papel potencial de los consumidores vulnerables, que a través de esta figura podrán participar de manera colaborativa de los beneficios de la transición energética.

Los beneficios también alcanzan al propio sistema energético. Mediante la participación de estos actores se moviliza capital privado adicional, lo que ha de traducirse en un mayor número de proyectos. Es esperable además que la mayor información e implicación del ciudadano mejore la aceptación local de las energías renovables, que es uno de los retos tradicionales del sector. Por otro lado, desde un punto de vista técnico, la generación local y distribuida tiene ventajas importantes, en cuanto se reducen las pérdidas en la red eléctrica y puede aumentar la flexibilidad de la demanda y con ello la fiabilidad del suministro.

Con esta regulación se realiza asimismo la transposición de determinados artículos de las Directivas (UE) 2018/2001 del Parlamento Europeo y del Consejo, de 11 de diciembre de 2018, y (UE) 2019/944 del Parlamento Europeo y el Consejo, de 5 de junio de 2019.

3. ANÁLISIS DE ALTERNATIVAS

Se han analizado distintas alternativas a las incluidas en este real decreto, con las conclusiones expuestas a continuación.

La primera alternativa consistiría en no introducir ninguna regulación adicional a la ya existente, lo que no se considera aceptable, dado que implicaría el incumplimiento de la obligación de trasposición de las Directivas (UE) 2018/2001 del Parlamento Europeo y del Consejo, de

11 de diciembre de 2018, y (UE) 2019/944 del Parlamento Europeo y el Consejo, de 5 de junio de 2019.

Asimismo, teniendo en cuenta que la amplitud de las cuestiones abordadas en las directivas requiere modificaciones del marco normativo en distintos ámbitos del sector energético, se han venido realizado transposiciones parciales de las directivas de menor alcance, en vez de transponer el conjunto en una única norma.

Con relación a las comunidades de energías renovables, en primer lugar, se ha optado por regular a nivel de real decreto el marco general en cuanto a requisitos, derechos y obligaciones de las comunidades y de sus miembros. La Directiva (UE) 2018/2001 del Parlamento Europeo y del Consejo, de 11 de diciembre de 2018, establece determinados requisitos generales que deben cumplir las comunidades de energías renovables, que son desarrollados y concretados en este proyecto de real decreto.

En particular:

✓ Se ha optado por un enfoque flexible en cuanto a la forma jurídica que dichas comunidades pueden adoptar, frente a la alternativa de limitarse a determinadas formas jurídicas, con la intención de permitir distintas configuraciones y adaptarse a las diversas situaciones que pueden plantearse. Todo ello, siempre y cuando la forma jurídica elegida permita garantizar el cumplimiento de los requisitos establecidos y responda a la finalidad de esta nueva figura.

✓ Con relación a los requisitos relativos a la proximidad de los socios o miembros a los proyectos de energías renovables, se ha optado por diferenciarlos en función del tamaño de los municipios, en lugar de otras alternativas, como el establecimiento de una distancia específica aplicable a todos los casos. Ello viene motivado porque, en el caso de los municipios pequeños o en riesgo de despoblación, es necesario ampliar el radio de actuación para conseguir un número de miembros adecuado para la constitución de la comunidad de energías renovables. Asimismo, articular esta diferenciación vinculada a la población está plenamente alineado con los objetivos establecidos en materia de Reto Demográfico, que permiten que el establecimiento de estas comunidades se oriente a conseguir beneficios para estos territorios.

Asimismo, en relación con las comunidades ciudadanas de energía, dentro del abanico de posibilidades que brinda la Directiva de mercado interior de la electricidad, se ha buscado nuevamente la consecución de un marco regulatorio flexible que dé cabida a todas las posibles formas de configuración para estas comunidades, evitando otro tipo de regímenes *que, por su rigidez, podrían suponer un verdadero obstáculo a su despliegue.*

Con relación a los procedimientos autorizatorios exigidos a las comunidades de energías renovables y a las comunidades ciudadanas de energía, se ha optado, de acuerdo con el artículo 5.c) de la Ley 17/2009, de 23 de noviembre, sobre el libre acceso a las actividades de servicios y su ejercicio, por la presentación de una declaración responsable en la que se declara el cumplimiento de los requisitos iniciales para comenzar la actividad, en lugar de establecer una autorización administrativa previa que puede suponer un obstáculo y retraso en el despliegue de estas comunidades. Todo ello, sin perjuicio de que el órgano competente pueda solicitar al interesado la documentación necesaria para acreditar el cumplimiento de los citados requisitos, especialmente en el ámbito de la concesión de ayudas u otros beneficios derivados de la condición de comunidad de energías renovables.

Asimismo, en relación con elementos específicos aplicables a las comunidades de energías renovables y a las comunidades ciudadanas de energía, ante la alternativa de no regular estos aspectos en este real decreto, se optado por articular los siguientes elementos específicos que permitan que dichas comunidades compitan en nivel de igualdad con los actores tradicionales:

✓ *Las instalaciones de producción de energía eléctrica a partir de fuentes de energía renovables que sean propiedad de comunidades de energías renovables o de comunidades ciudadanas de energía podrán acceder al régimen económico de energías renovables previsto en el Real Decreto 960/2020, de 3 de noviembre.*

✓ *En los procedimientos de concurrencia competitiva que se convoquen para el otorgamiento del régimen económico de energías renovables, se podrán tener en cuenta las particularidades de las comunidades de energías renovables y de las comunidades ciudadanas de energía, incluyendo mecanismos de adhesión a la misma, para que estas puedan competir por el acceso al marco retributivo en nivel de igualdad con otros participantes.*

✓ *Se incluirán cupos específicos para instalaciones titularidad de comunidades de energías renovables y de comunidades ciudadanas de energía en el calendario indicativo previsto para el acceso a instrumentos económicos de apoyo, definido en el artículo 12 del Real Decreto 960/2020, de 3 de noviembre.*

4. ADECUACIÓN A LOS PRINCIPIOS DE BUENA REGULACIÓN

Este real decreto ha sido elaborado teniendo en cuenta los principios de necesidad, eficacia, proporcionalidad, seguridad jurídica, transparencia, y eficiencia que conforman los principios de buena regulación a que se refiere el artículo 129.1 de la Ley 39/2015, de 1 de octubre, Procedimiento Administrativo Común de las Administraciones Públicas.

De este modo, cumple con el principio de necesidad, al ser requerido para la trasposición de las Directivas (UE) 2018/2001 del Parlamento Europeo y del Consejo, de 11 de diciembre de 2018, y (UE) 2019/944 del Parlamento Europeo y el Consejo, de 5 de junio de 2019.

También cumple con el principio de eficacia, al ser la norma adecuada para la consecución de dichos objetivos.

Es coherente, asimismo, con el principio de proporcionalidad, dado que la norma contiene la regulación imprescindible para atender la necesidad a cubrir, sin que existan otras medidas menos restrictivas de derechos o que impongan menos obligaciones a los destinatarios para la consecución de los fines previstos en la misma.

Por otra parte, se ajusta al principio de seguridad jurídica, al desarrollar y ser coherente con lo establecido en las disposiciones legales y reglamentarias que le sirven de fundamento.

También cumple con el principio de transparencia, al haberse evacuado en su tramitación, el correspondiente trámite de consulta pública previa, de conformidad con lo previsto en el artículo 26.2 de la Ley 50/1997, de 27 de noviembre, del Gobierno, mediante su publicación en el portal web del Ministerio para la Transición Ecológica y el Reto Demográfico.

Además, define claramente sus objetivos, tanto en su preámbulo como en la sección correspondiente del apartado de Oportunidad de la Propuesta de esta Memoria.

Por último, cumple también con el principio de eficiencia, dado que esta norma no impone cargas administrativas innecesarias o accesorias.

Este proyecto normativo está incluido en el Plan Anual Normativo de la Administración General del Estado para 2023, con el siguiente título:

Real Decreto por el que se transpone la directiva 2018/2001/UE del Parlamento Europeo y del Consejo, de 11 de diciembre de 2018, relativa al fomento del uso de energía procedente de fuentes renovables.

Dicho plan no prevé que este proyecto deba ser objeto de evaluación por sus resultados.

II CONTENIDO

El presente real decreto consta de quince artículos agrupados en cuatro capítulos, tres disposiciones adicionales, una disposición transitoria, una disposición derogatoria y ocho disposiciones finales.

En el capítulo I, que incluye los artículos 1 y 2, se establecen disposiciones generales. El artículo 1 define el objeto del real decreto, que es el desarrollo reglamentario de las comunidades de energías renovables y de las comunidades ciudadanas de energía. En el artículo 2 se incluyen las definiciones de varios conceptos utilizados en el proyecto de real decreto, a efectos de lo previsto en el mismo.

El capítulo II, que incluye los artículos del 3 al 8, la definición de las comunidades de energías renovables y los requisitos que deben cumplir. A su vez, en este capítulo, se regulan los derechos y obligaciones de dichas comunidades y de sus socios o miembros, así como el marco facilitador que fomentará su desarrollo. En el artículo 8 se establece la obligatoriedad de presentar una declaración responsable sobre el cumplimiento de dichos requisitos previa al inicio de la actividad y la publicación de una relación de comunidades de energías renovables que hayan remitido a la Dirección General de Política Energética y Minas dicha declaración responsable.

De manera análoga, en el capítulo III, que incluye los artículos 9 a 13, se definen las comunidades ciudadanas de energía, y se desarrollan los requisitos aplicables y sus derechos y obligaciones, así como las de sus socios o miembros. Por último, se establece la publicación de una relación de comunidades ciudadanas de energía que hayan remitido a la Dirección General de Política Energética y Minas una declaración responsable sobre el cumplimiento de dichos requisitos.

El capítulo IV, que incluye los artículos 14 y 15, regula algunas particularidades aplicables tanto a las comunidades de energías renovables como a las comunidades ciudadanas de energía, en relación con el otorgamiento del régimen económico de energías renovables.

Disposición adicional primera. Establece que el Instituto para la Diversificación y Ahorro de la Energía (IDAE) E.P.E, M.P llevará a cabo una evaluación de los obstáculos existentes y del potencial de desarrollo de las comunidades de energías renovables, que se hará pública.

Disposición adicional segunda. Incluye las definiciones de calor y frío residuales y de los sistemas urbanos de calefacción y refrigeración, así como algunos de los aspectos relativos al fomento de redes de calor y frío de fuentes de energía renovables en el ámbito local y regional que recoge *la Directiva 2018/2001 del Parlamento Europeo y del Consejo, de 11 de diciembre de 2018.*

Disposición adicional tercera. traspone determinadas obligaciones establecidas en el artículo 3.3 de la citada directiva relativas a la consideración de la jerarquía de residuos y a los requisitos de recogida separada de residuos.

Disposición transitoria única. Con el objetivo de seguir profundizando en la descarbonización de la industria y de que la obtención o modificación de una configuración singular de medida de estas plantas no sea un obstáculo, mediante esta disposición se extiende el plazo previsto en la disposición adicional tercera del Real Decreto 1183/2020, de 29 de diciembre, sobre hibridación de plantas industriales con cogeneraciones, permitiendo que estas plantas puedan solicitar hasta el 31 de diciembre de 2023 una nueva configuración singular de medida y que puedan actualizar la misma, si ya disponen de ella, hasta el 31 de diciembre de 2024.

Disposición derogatoria única. Dispone que quedan derogadas todas las disposiciones de rango igual o inferior en cuanto se opongan a lo establecido en esta orden.

Disposición final primera. Modifica ciertos aspectos del Real Decreto 413/2014, de 6 de junio, por el que se regula la actividad de producción de energía eléctrica a partir de fuentes de energía renovables, cogeneración y residuos.

En primer lugar, se concretan en el régimen retributivo específico aplicable a determinadas instalaciones de producción de energía eléctrica las obligaciones de recogida separada de residuos establecidas en el artículo 16 de este proyecto de real decreto, introduciendo las siguientes modificaciones:

✓ *El artículo 8.2 incluye expresamente la obligación de los titulares de las instalaciones inscritas en el registro de régimen retributivo específico de enviar al Ministerio para la Transición Ecológica y el Reto Demográfico o al organismo encargado de realizar la liquidación la información relativa al cumplimiento de las obligaciones de recogida separada de residuos.*

✓ *Se introduce un nuevo artículo 33 ter, por el que las instalaciones del grupo c.1 con derecho al régimen que no acrediten el cumplimiento de las obligaciones de recogida separada de residuos no tendrán derecho a la percepción del régimen retributivo específico correspondiente al año del incumplimiento. Esto, de acuerdo con la nueva disposición transitoria decimonovena, a partir del 1 de enero de 2024.*

✓ En el apartado 1.d) de la disposición transitoria tercera se incluye que los titulares de las instalaciones del grupo c.1 deberán remitir una declaración responsable que acredite el cumplimiento de las obligaciones de recogida separada de residuos.

En segundo lugar, en el artículo 22 se incorpora un apartado 7, al objeto de dejar sin efecto el ajuste por desviaciones en el precio de mercado para las instalaciones cuyos costes de explotación dependen esencialmente del precio del combustible, cuando la metodología de actualización de la retribución a la operación prevea un ajuste alternativo. Esto resulta necesario para evitar la doble aplicación del ajuste por desviaciones en estas instalaciones.

Por último, se modifica el apartado 3 del anexo XV relativo a la prioridad para la evacuación de la electricidad producida por las instalaciones a partir de fuentes de energía renovables.

Disposición final segunda. Modifica el Real Decreto 1183/2020, de 29 de diciembre, para que puedan participar en los concursos de capacidad de acceso instalaciones de generación que formen parte de proyectos que tengan por objeto la descarbonización de la industria. Esta medida abrirá una vía adicional para que los procesos productivos contribuyan al objetivo de descarbonización de la economía mediante la utilización de combustibles más sostenibles.

Disposición final tercera. Con el fin de contribuir al impulso de las comunidades energéticas, mediante esta disposición se libera parte de la capacidad de los nudos reservados para concurso con el fin de destinarla, exclusivamente, a instalaciones de generación que se integren dentro de alguna de esas comunidades. En concreto, se libera un 5% de la capacidad disponible en el momento en que la persona titular de la Secretaría de Estado de Energía haya resuelto, o resuelva en un futuro, la celebración de un concurso de capacidad de acceso. El acceso a esa capacidad se realizará aplicando el criterio de prelación temporal al que se refiere el artículo 7 del Real Decreto 1183/2020, de 29 de diciembre.

Disposición final cuarta. Establece la obligación de liberar un 10% de la capacidad de los nudos reservados para concurso para destinarla a determinadas instalaciones de autoconsumo. La medida se articula como una ampliación de la medida adoptada por el Real Decreto-ley 6/2022, de 29 de marzo, por el que se adoptan medidas urgentes en el marco del Plan Nacional de respuesta a las consecuencias económicas y sociales de la guerra en Ucrania, que reservó ese mismo porcentaje de capacidad en nudos que habían sido declarados de concurso hasta ese momento. Así, esta disposición final extiende la medida a todos los nudos que, con posterioridad al momento de aprobación del citado real decreto-ley, hubiesen sido declarados nudos de concurso, o a aquellos que lo sean en un futuro. De esta manera se contribuye al objetivo de impulsar el autoconsumo sin condicionar las instalaciones que podrán beneficiarse del mismo al momento, circunstancial, en que se haya resuelto la declaración del nudo, como nudo de concurso.

Disposición final quinta. Dispone que este real decreto se dicta al amparo de las reglas 13ª y 25ª del artículo 149.1 de la Constitución Española, que atribuyen al Estado la competencia exclusiva en materia de bases y coordinación de la planificación general de la actividad económica y de bases del régimen minero y energético, respectivamente.

Disposición final sexta. Estipula que mediante este real decreto se incorpora parcialmente al ordenamiento jurídico nacional la Directiva (UE) 2018/2001, del Parlamento Europeo y del Consejo, de 11 de diciembre de 2018 y la Directiva (UE) 2019/944 del Parlamento Europeo y del Consejo de 5 de junio de 2019.

Disposición final séptima. Habilita a la persona titular del Ministerio para la Transición Ecológica y el Reto Demográfico para desarrollar lo previsto en el presente real decreto.

Disposición final octava. Establece que el real decreto entrará en vigor el día siguiente al de su publicación en el «Boletín Oficial del Estado».

III ANÁLISIS JURÍDICO Y TÉCNICO

1. FUNDAMENTACIÓN JURÍDICA Y RANGO NORMATIVO

El instrumento elegido es el adecuado dado que este proyecto desarrolla previsiones contenidas en la Ley 24/2013, de 26 de diciembre, luego se infiere la necesidad de su articulación mediante real decreto.

2. ENGARCE CON EL DERECHO NACIONAL

A nivel nacional se han adoptado previamente diversas medidas y disposiciones para aumentar la participación de la ciudadanía en la transición energética, fundamentalmente en el ámbito eléctrico, y relacionadas con el autoconsumo.

El Real Decreto 900/2015, de 9 de octubre, por el que se regulan las condiciones administrativas, técnicas y económicas de las modalidades de suministro de energía eléctrica con autoconsumo y de producción con autoconsumo desarrolla las previsiones contenidas en la Ley 24/2013, de 26 *de diciembre, del Sector Eléctrico, cuyo artículo 9 regula el autoconsumo de energía eléctrica.*

Posteriormente, el Real Decreto-ley 15/2018, de 5 de octubre, de medidas urgentes para la transición energética y la protección de los consumidores, realiza una modificación profunda en la regulación del autoconsumo. En consecuencia, se aprueba el Real Decreto 244/2019, de 5 de abril, por el que se regulan las condiciones administrativas, técnicas y económicas del autoconsumo de energía eléctrica, que viene a derogar casi íntegramente el Real Decreto 900/2015, de 9 de octubre. Se introduce la figura del autoconsumo colectivo, que permite que varios consumidores se alimenten de energía eléctrica proveniente de instalaciones de producción asociadas a los consumidores, y próximas a las de consumo. Asimismo, permite el suministro con excedentes, es decir, inyectar energía excedentaria en las redes de transporte y distribución.

Con relación a las comunidades de energías renovables específicamente, la definición del concepto se recoge en el artículo 6.1.j) de la Ley 24/2013, de 26 de diciembre, del Sector Eléctrico, que se añade mediante el artículo 4 del Real Decreto-ley 23/2020, de 23 de junio, por el que se aprueban medidas en materia de energía y en otros ámbitos para la reactivación económica.

Por su parte, los artículos 3 y 8 del Real Decreto 960/2020, de 3 de noviembre, por el que se regula el régimen económico de energías renovables para instalaciones de producción de energía eléctrica, establecen que se podrán tener en cuenta las particularidades de las comunidades de energías renovables, para que puedan tener acceso al marco retributivo en nivel de igualdad.

Dicha previsión se hace extensiva mediante el artículo 14 de este real decreto a las comunidades ciudadanas de energía.

Por lo demás, se prevé en el texto una habilitación a la persona titular del Ministerio para la Transición Ecológica y el Reto Demográfico para desarrollar lo previsto en el presente real decreto.

En relación con las modificaciones introducidas en el Real Decreto 413/2014, de 6 de junio, sobre la energía renovable procedente de residuos, son coherentes con lo dispuesto en los artículos 8 y 25 de la Ley 7/2022, de 8 de abril, de residuos y suelos contaminados para una economía circular, en relación con la jerarquía de residuos.

3. ENGARCE CON EL DERECHO DE LA UE

Este real decreto realiza la trasposición parcial de la Directiva (UE) 2018/2001, del Parlamento Europeo y del Consejo, de 11 de diciembre de 2018. Esta directiva se enmarca en el ámbito energético de la regulación comunitaria, y se dicta, en particular, de conformidad con el artículo 194.1, del Tratado de Funcionamiento de la Unión Europea, que establece que la promoción de las energías renovables es uno de los objetivos de la política energética de la Unión Europea.

Este real decreto traspone, por una parte, los artículos de dicha directiva relativos a las comunidades de energías renovables, y por otra, aspectos relativos a los residuos y a las redes de calor y frío renovables.

Se incluye a continuación la tabla de correspondencias entre los artículos de la directiva y el real decreto.

Este real decreto realiza asimismo la trasposición del artículo 16 de la Directiva (UE) 2019/944 del Parlamento Europeo y el Consejo, de 5 de junio de 2019, sobre normas comunes para el mercado interior de la electricidad y por la que se modifica la Directiva 2012/27/UE, relativo a las comunidades ciudadanas de energía

4. ENTRADA EN VIGOR

Esta orden entrará en vigor el día siguiente de su publicación en el Boletín Oficial de Estado.

Existe una necesidad de que se apruebe el proyecto normativo cuanto antes, al haber finalizado el 30 de junio de 2021 el plazo de transposición establecido en el artículo 36.1 de la Directiva (UE) 2018/2001, del Parlamento Europeo y del Consejo, de 11 de diciembre de 2018; y el 31 de diciembre de 2020, el plazo de trasposición de la Directiva (UE) 2019/944 del Parlamento Europeo y el Consejo, de 5 de junio de 2019.

No se ha considerado aplicable a esta norma lo dispuesto por el artículo 23 de la Ley 50/1997, de 27 de noviembre, del Gobierno, en su redacción según la Ley 40/2015, de 1 de octubre, de Régimen Jurídico del Sector Público, sobre la entrada en vigor de leyes o reglamentos el 2 de enero o el 1 de julio siguientes a su aprobación, debido a que dicho artículo solo es aplicable en el caso de que la norma establezca nuevas obligaciones a personas físicas o jurídicas y el real decreto objeto de esta memoria no establece ninguna obligación nueva.

5. DEROGACIÓN NORMATIVA

Esta orden deroga cualesquiera disposiciones de rango igual o inferior que se opongan a lo establecido en la misma.

IV ADECUACIÓN DE LA NORMA AL ORDEN CONSTITUCIONAL DE DISTRIBUCIÓN DE COMPETENCIAS

Análisis de los títulos competenciales: identificación del título prevalente Esta orden se dicta al amparo de lo establecido en el artículo 149.1.13 y 25 de la Constitución Española, que atribuye al Estado la competencia exclusiva para determinar las bases y coordinación de la planificación general de la actividad económica y las bases del régimen minero y energético.

Análisis de la participación autonómica y local en la elaboración del proyecto El proyecto de orden será sometido a audiencia a través del Consejo Consultivo de Electricidad, en el que están representadas, entre otras, las Comunidades Autónomas.

V DESCRIPCIÓN DE LA TRAMITACIÓN

En la elaboración de esta norma se ha realizado el trámite de consulta previa regulado en el artículo 26 de la Ley 50/1997, de 27 de noviembre, del Gobierno, en su redacción según la disposición final tercera de la Ley 40/2015, de 1 de octubre, de Régimen Jurídico del Sector Público, relativo a las comunidades energéticas locales, término que engloba tanto las comunidades de energías renovables como las comunidades ciudadanas de energía.

El plazo para presentar alegaciones fue desde 17 de noviembre de 2020 hasta el 2 de diciembre de 2020. Se recibieron 144 alegaciones, entre las cuales una alegación conjunta de 35 ayuntamientos. La consulta planteaba 12 preguntas, relativas al marco general, los aspectos jurídicos, las barreras y oportunidades, el marco facilitador requerido y los actores implicados.

Se destacan como aspectos para tener en cuenta en el desarrollo del marco normativo el considerarlas una herramienta para abordar la pobreza energética y la inclusividad de consumidores vulnerables y el desarrollar elementos pendientes en el marco del autoconsumo.

En relación con el marco facilitador, se propone crear mecanismos de promoción, educación y capacitación, dar incentivos económicos, y simplificar trámites administrativos.

En relación con las barreras más limitantes para el despliegue de las comunidades, se destacan barreras regulatorias y jurídicas, en especial en cuanto a la falta de definición en la normativa vigente, así como desconocimiento del concepto, falta de información y de concienciación, dificultad en el acceso a la financiación y la complejidad y tiempo requerido para la tramitación de instalaciones.

VI. ANÁLISIS DE IMPACTOS

1. IMPACTO ECONÓMICO

Las comunidades de energías renovables y las comunidades ciudadanas de energía son, por definición, entidades cuya finalidad primordial es aportar beneficios medioambientales, económicos y sociales en zonas locales donde operan, en lugar de ganancias financieras.

Los beneficios que generen estas comunidades, sin perjuicio de poder dedicarse a ofrecer cierta rentabilidad a sus miembros, y de reducir los costes de la energía que estos consumen, deberán dedicarse a actuaciones relacionadas con su objeto social, esto es, el desarrollo de proyectos de energías renovables o de energía eléctrica. La normativa también contempla inversiones que supongan una mejora ambiental del entorno o el desarrollo social de la zona en la que se ubican.

Esta movilización de capital privado en proyectos debería promover la creación de empleo local de calidad y el desarrollo de las microempresas y pequeñas empresas locales. En efecto, como miembros de las comunidades y como proveedores de conocimiento, equipos y servicios a las comunidades, las pymes adquieren un papel protagonista.

Por añadidura, los proyectos desarrollados son de menor tamaño y con diferentes consideraciones que los proyectos desarrollados por la gran empresa, y necesitarán soluciones técnicas específicas. Por lo tanto, por sus características peculiares los proyectos desarrollados por las comunidades tienen un cierto potencial innovador.

En cuanto al impacto en el consumo energético, los hogares, al invertir en proyectos de energías renovables, reducirán su consumo de energía proveniente de combustibles fósiles, reduciendo así la dependencia energética española del exterior. Es más, se ha encontrado correlación entre la pertenencia a una comunidad energética y un aumento de la eficiencia energética en el entorno doméstico, esencialmente por una mayor concienciación y educación en temas ambientales. Los hogares representan, según datos del IDAE, un 17% del consumo de energía final total en España.

También es previsible que el denominado proconsumidor tenga una demanda más flexible y más adaptada a las curvas de generación de las energías solar y fotovoltaica, en especial con el desarrollo de opciones de almacenamiento doméstico de energía. Esto tendría un doble efecto de reducción de costes. A nivel del propio consumidor, al poder consumir en periodos de bajo coste de energía eléctrica. A nivel del sistema eléctrico, por una reducción de la energía máxima alcanzada en los picos de demanda, así como por reducir la necesidad de reservas de potencia adicional a subir y el coste de los desvíos entre generación y demanda en momentos de baja generación renovable.

En lo que se refiere al impacto sobre la competencia, los efectos de la norma deben ser positivos, en tanto en cuanto se permite que nuevos actores participen en el mercado en condiciones de igualdad con los actores tradicionales. La competencia se verá beneficiada por un mayor número de actores que compiten en precios y oferta de servicios. Para ello, se prevé, entre otros, la eliminación de obstáculos reglamentarios y administrativos injustificados, la creación de instrumentos para facilitar el acceso a financiación e información, así como apoyo reglamentario y de refuerzo de capacidades.

Por su diferente finalidad y alcance, hay cabida en el mercado para estos nuevos actores sin restringir la capacidad de los operadores actuales. Además, se incluyen las previsiones necesarias para evitar efectos indeseados perversos que pudieran afectar a la competencia. Tal y como marca la Directiva, al igual que los demás sujetos del sistema, las comunidades estarán sometidas a los procedimientos de registro y de concesión de licencias, y a tarifas de la red que reflejen los costes, así como a los pertinentes cargos, gravámenes e impuestos, garantizando que contribuyen, de forma adecuada, justa y equilibrada, al reparto del coste global del sistema.

Además, se establecen requisitos para que las comunidades mantengan su autonomía y no puedan ser utilizadas indebidamente por actores tradicionales, como la prohibición de que un solo miembro reúna un 51% de los votos.

Por otro lado, la pertenencia a una comunidad debe ser libre y voluntaria, y se puede, en todo momento, de acuerdo con las reglas de altas y bajas, abandonar la comunidad, de manera a evitar pequeños monopolios locales.

2. IMPACTO PRESUPUESTARIO

De la aplicación del real decreto de referencia no va a derivarse coste adicional alguno para la Administración General del Estado, ni para las comunidades autónomas o entidades locales.

La norma propuesta no tendrá impacto sobre los gastos públicos en materia de personal toda vez que no comporta la necesidad de nuevos recursos humanos al servicio de la AGE, CCAA o entidades locales.

3. ANÁLISIS DE LAS CARGAS ADMINISTRATIVAS

Se crea una relación de comunidades de energías renovables y otra de comunidades ciudadanas de energía, de aquellas comunidades que hayan remitido una declaración responsable con la que se declara el cumplimiento de los requisitos iniciales para comenzar la actividad. Los hechos que supongan alguna modificación de los datos incluidos en esta declaración deberán ser comunicados en el plazo de un mes desde el momento en el que se produzca.

Dado que se trata de una comunicación presentada electrónicamente, y que la norma no establece periodicidad, sino que es únicamente necesaria al inicio de actividad y en el caso en que se produzca alguna modificación en determinados datos, el impacto es poco elevado. Según cifras del IDAE, en España existen actualmente 50 comunidades energéticas, sin distinguir entre los dos tipos. Suponiendo un cierto efecto incentivador de las convocatorias recientes y de este proyecto de real decreto, en un periodo de 10 años, se estima el primer año una población de 50, que disminuiría en años posteriores a unas 5 declaraciones responsables anuales, entre nuevas altas y modificaciones.

Con relación a los requisitos de recogida separada de residuos para poder percibir ayudas, en la disposición final primera se introduce la obligación de remitir una declaración responsable para los titulares de las instalaciones de los grupos c.1 y c.2 (según las categorías establecidas en el artículo 2 del Real Decreto 413/2014, de 6 de junio) antes del 31 de marzo de cada año. Para ello deberán solicitar un certificado de cumplimiento de las obligaciones de recogida separada de residuos a las entidades locales, y a los productores de residuos una declaración de que cumplen los requisitos aplicables.

A continuación, se recoge la cuantificación de las cargas administrativas asociadas.

4. IMPACTO POR RAZÓN DE GÉNERO

Las mujeres representan únicamente el 32% de los empleados a tiempo completo de las empresas del sector de energías renovables (IRENA (2019), Renewable Energy: A Gender Perspective. IRENA, Abu Dhabi). Esta cifra se reduce al 28% si se consideran únicamente los puestos de ciencias, tecnología, ingeniería y matemáticas (STEM, por sus siglas en inglés).

Los principales obstáculos identificados en dicho estudio son los siguientes: las percepciones de los roles de género, la falta de información y redes profesionales, las prácticas de contratación prevalentes y la poca participación de la mujer en las formaciones en ciencia y tecnología.

Por su focalización en la formación y en el desarrollo de capacidades, por su papel en la creación de redes de apoyo, y su enfoque cooperativo, las comunidades de energías renovables pueden ser una plataforma idónea para luchar contra las citadas barreras e incrementar la participación de la mujer en el sector.

Por añadidura, por su vocación social, y en especial en atención a integrar los hogares vulnerables, en los que las mujeres están sobrerrepresentadas, asociaciones de las comunidades de energía se han propuesto integrar la perspectiva de género en el desarrollo de sus actividades.

Actualmente se observa, en efecto, una mayor participación de las mujeres en las comunidades de energías renovables respecto a la media del sector, con mayor poder de decisión, mayor acceso a puestos de responsabilidad, y una percepción positiva de las oportunidades de desarrollo profesional. Sin embargo, en puestos técnicos la participación de la mujer se mantiene limitada.

En conclusión, la norma tiene efectos positivos en cuanto al género.

5. EN LA INFANCIA Y EN LA ADOLESCENCIA

No se prevé ningún impacto en la infancia y la adolescencia, derivado del artículo 22 de la Ley Orgánica 1/1996 de 15 de enero, de Protección Jurídica del Menor de modificación parcial del Código Civil, y de la Ley de Enjuiciamiento Civil, igualmente introducido por la Ley 26/2015, de 28 de julio.

6. IMPACTO EN LA FAMILIA

No se prevé ningún impacto en la familia de acuerdo con lo exigido en la disposición adicional décima de la Ley 40/2003, de 18 de noviembre, de Protección a las Familias Numerosas, introducida por la Ley 26/2015, de 28 de julio, de modificación del sistema de protección a la infancia y a la adolescencia.

7. IMPACTO EN MATERIA DE IGUALDAD DE OPORTUNIDADES, NO DISCRIMINACIÓN Y ACCESIBILIDAD UNIVERSAL DE LAS PERSONAS CON DISCAPACIDAD

Debido al contenido del proyecto normativo, éste no afecta al hecho de garantizar el acceso universal para todo tipo de personas con discapacidad, por lo que la valoración de impacto en materia de igualdad de oportunidades, no discriminación y accesibilidad universal de las personas con discapacidad es nula, cumpliendo con los preceptos del Real Decreto-Legislativo 1/2013, de 29 de noviembre, por el que se aprueba el Texto Refundido de la Ley General de derechos de las personas con discapacidad y de su inclusión social.

8. IMPACTO POR RAZÓN DE CAMBIO CLIMÁTICO

Se considera que el proyecto normativo tiene un impacto favorable en términos de impacto por cambio climático. Las comunidades de energías renovables y las comunidades ciudadanas de energía permitirán la movilización de nuevos capitales para el desarrollo de proyectos de energías renovables. Asimismo, al reducir la oposición local al desarrollo de los proyectos tradicionales, han de facilitar la implantación de proyectos de gran envergadura. Como tal, contribuyen a la reducción de las emisiones de gases de efecto invernadero al ahorrar combustibles fósiles.

No se aprecia impacto negativo alguno en los seis objetivos que conforman el principio de no causar un perjuicio significativo al medioambiente (principio DNSH por sus siglas en inglés, "Do No Significant Harm").

Además, y como es preceptivo, el MITECO envió el texto del Proyecto de Real Decreto a la Comisión Nacional de los Mercados y la Competencia (CNMC), para que la misma informase jurídicamente sobre su contenido. Y como lógica consecuencia de ello, la CNMC emitió el Informe IPN/CNMC/013/23, con fecha de 31 de octubre de 2023.

En dicho informe, la propia CNMC señala que "si bien con el desarrollo de estas figuras se pretende fomentar la participación de los ciudadanos y autoridades locales en la transición energética, se considera que la definición de algunas previsiones contenidas en el proyecto requiere mayor concreción y su desarrollo en mayor detalle, para evitar posibles interpretaciones lo que podría conducir a un desarrollo dispar de estas figuras y retrasar su impulso" y para hacer gala de los principios de buena regulación que rigen tanto en el Derecho de la Unión Europea como en nuestro ordenamiento jurídico interno.

Y así, en su parte final, en la que se resumen sus Conclusiones, se sintetizan los aspectos más destacables del informe, que son los siguientes:

– Respecto a la modalidad de compraventa de energía, la CNMC indica que considera necesario concretar el procedimiento para la compraventa y la compartición de energía en el caso de la CER, donde la redacción del Proyecto de Real Decreto es menos precisa que para las CCE. Porque para el caso de las CER no se prevé expresamente en el Proyecto de Real Decreto la posibilidad de que puedan realizar autoconsumo individual o colectivo, en los términos establecidos en el Real Decreto 244/2019, de 5 de abril, por lo que, insiste la CNMC, debería homogeneizarse la regulación a este respecto para ambos tipos de Comunidades Energéticas.

- La propuesta de Real Decreto exige la autonomía de las CCE, mientras que la Directiva 2019/944 no establece dicha obligación. Por ello, entiende la CNMC que se debería valorar la conveniencia de mantener este requisito o no, dado que podría dificultar la gestión de estas Comunidades Energéticas.

- En opinión de la CNMC, en la redacción final del Real Decreto las dos figuras (CER y CCE) deberán estar sometidas a los mismos principios regulatorios a la hora de establecer la metodología de peajes de acceso y cargos, de tal manera que se asegure un trato homogéneo para que todos los consumidores contribuyan de forma proporcional en base a los costes incurridos. Por ello, continúa argumentando la CNMC, el Real Decreto debería especificar que los peajes de acceso a las redes de electricidad y cargos que deberán pagar los consumidores de dichas comunidades energéticas serán, como para el resto de los consumidores, los resultantes de aplicar la Circular de la CNMC sobre la metodología para determinar los peajes a las redes de transporte y distribución de electricidad y los del Real Decreto en el que se establecen los cargos, respectivamente.

- En el caso de las CER, el proyecto parece distinguir entre la propiedad de la planta y su explotación, de tal modo que la CER podría explotar una planta propiedad de un tercero, que realizara la inversión y cediera su uso a la CER. Pero añade la CNMC que, siendo esto así, sería necesario clarificar el alcance de este derecho, que como tal no está previsto en la Directiva (UE) 2018/2001, ni en la propia definición de las comunidades de energías renovables incluida en la Ley del Sector Eléctrico.

- Se considera necesario por parte de la CNMC definir algunos aspectos relativos a los derechos y obligaciones de las CCE, como la posibilidad de que puedan participar en el almacenamiento, o el alcance del papel de estas figuras en caso de que actúen como comercializadoras, tal y como se prevé en el proyecto de Real Decreto.

- También plantea la CNMC que el proyecto de Real Decreto puede y debe ser una oportunidad para incorporar mecanismos regulatorios innovadores, como ya hizo el RD 244/2019, por lo que se debería aprovechar para desarrollar reglamentariamente los micro PPAs entre productor y consumidor previstos legalmente en el art. 44.1.c.ii de la Ley 24/2013, así como para establecer un marco normativo en el que realizar un verdadero peer to peer con plena seguridad jurídica.

– Por último, también señala la CNMC que, con el fin de mantener actualizado el listado de las CER y las CCE, sería conveniente que se requiera a las comunidades energéticas el reporte anual o bienal a la Dirección General de Política Energética y Minas del Ministerio de la información que acredite el cumplimiento de los requisitos previstos, y en particular, en lo relativo al destino de los beneficios económicos que pudieran obtener con su actividad.

ALEGACIONES AL PROYECTO DE REAL DECRETO POR EL QUE SE DESARROLLAN LAS FIGURAS DE LAS COMUNIDADES DE ENERGÍAS RENOVABLES Y LAS COMUNIDADES CIUDADANAS DE ENERGÍA

En el periodo de consulta pública abierto por el MITECO, fueron muchas las entidades que presentaron alegaciones al Proyecto de Real Decreto.

Para empezar, presentaron alegaciones la gran mayoría de los miembros del Consejo Consultivo de Electricidad, tal y como se señala en el propio Informe de la CNMC013/23, aunque por desgracia se añade que el contenido de las mismas es "confidencial", por lo que no hemos tenido acceso al contenido de las mismas, pero al menos podemos indicar a continuación qué entidades de dicho Consejo Consultivo presentaron alegaciones al Proyecto de Real Decreto. Fueron las siguientes:

ADMINISTRACIONES PÚBLICAS:

– Dirección General de Consumo del Ministerio de Consumo, Gobierno de España.
– Dirección General de Energía de la Generalitat de Cataluña.
– Dirección General de Energía y Minas del Gobierno de Aragón.
– Dirección General de Energía y Minas de la Junta de Castilla y León.
– Consejería de Industria, Energía y Minas de la Junta de Andalucía.

GESTORES DE RED:

– Asociación de Empresas de Energía Eléctrica (AELEC)
– Asociación de Empesas Eléctricas (ASEME)

- Asociación de Distribuidores de Energía Eléctrica (CIDE)
- Red Eléctrica - OS
- Red Eléctrica – Transportista

CONSUMIDORES:
- Confederación Española de Cooperativas de Consumidores y Usuarios - HISPACOOP

OTRAS ASOCIACIONES:
- Asociación Española de Cogeneración (ACOGEN)
- Asociación de Empresas de Energías Renovables (APPA)
- Asociación Española para la Promoción de la Cogeneración (CO-GEN ESPAÑA)
- Asociación para el Desimpacto Ambiental de los Purines (ADAP)

OTROS AGENTES:
- Greenpeace España
- IGNIS ENERGÍA S.L.
- NATURGY ENERGY GROUP, S.A.

Además de ello, y fuera ya del ámbito del Consejo Consultivo de Electricidad, han sido muchas las entidades que han presentado alegaciones al Proyecto del MITECO (tal y como se ha publicado en el número 224 de la Revista Energías Renovables, que estaba dedicado en ese mes de septiembre de 2023 a las Comunidades Energéticas) entre las que destacan alegaciones lideradas por UNIÓN RENOVABLES[99] y por el movimiento municipalista, cuyos principales argumentos resumimos a continuación, de acuerdo con la información publicada en el referido número 224 de la Revista Energías Renovables:

ALEGACIONES DE UNIÓN RENOVABLES

Como es bien conocido por el sector de las Energías Renovables en España, Unión Renovables es una organización sin ánimo de lucro que reúne a casi treinta cooperativas de energías renovables de toda España, y que presentó las siguientes alegaciones al Proyecto de Real Decreto (RD) por el que se desarrollan las figuras de las comunidades de energías renovables y las comunidades ciudadanas de energía:

• Solicitan que se incluya una referencia explícita a la figura cooperativa como la forma jurídica idónea para desarrollar plenamente las relaciones internas, externas, las acciones, actividades, dotando de derechos y obligaciones, a las personas socias necesarias en el desarrollo de la exis-

---

[99]   UNIÓN RENOVABLES es una organización sin ánimo de lucro que reúne a casi treinta cooperativas de energías renovables de toda España.

tencia de una comunidad de energías renovables. Esto lo justifican alegando que con ello se contribuiría a identificar claramente a las comunidades de energías renovables, siguiendo el ejemplo de Grecia, que adoptó la sociedad cooperativa como base.

• Se lamentan de que las comunidades energéticas están sufriendo "retrasos injustificados relacionados con la solicitud de los puntos de conexión", y para resolver este problema proponen que el Instituto para la Diversificación y Ahorro de la Energía (IDAE) debería abordar esta problemática y poner en marcha posibles soluciones como instaurar una ventanilla única dependiente de la administración para solicitar los puntos de conexión, establecer plazos concretos y establecer un régimen sancionador por retrasos injustificados.

• Proponen que se incluya en el texto normativo una "mención expresa" a la importancia de las Comunidades Energéticas como posibles instrumentos de lucha contra la pobreza energética, añadiendo y desarrollando criterios que faciliten la integración de personas vulnerables en situación de pobreza energética, en consonancia con la referencia que sí que se hace en el preámbulo del RD, donde se reconoce que las comunidades ciudadanas de energía pueden ser un instrumento adecuado para hacer frente a la pobreza energética, permitiendo la participación de hogares vulnerables en proyectos de energías renovables y fomentando la eficiencia energética a nivel doméstico.

• Y plantean, por último, prohibir expresamente la participación de grandes grupos empresariales que ejercen una posición de do minio en las actividades propuestas para las comunidades de energías renovables o comunidades ciudadanas de energía, ya que denuncian que en los últimos tiempos "se observa que grandes grupos energéticos disfrazados de comunidades están pervirtiendo el concepto de democratización" y se están expandiendo en todo el país", lo cual iría en contra del espíritu y finalidad de estas figuras en las Directivas del Paquete de Invierno de la UE.

ALEGACIONES DEL MOVIMIENTO MUNICIPALISTA (LIDERADO POR EL AYUNTAMIENTO DE EL PRAT DE LLOBREGAT)

1. En primer lugar, proponen que la norma incorpore la denominación prevista en la Ley 7/1985, de 2 de abril, Reguladora de las Bases del Régimen Local LBRL, esto es, "Entes Locales", y no "autoridades locales", como está previsto por ejemplo en los arts. 3 y 9 del Proyecto de RD.

2. En segundo lugar, proponen la declaración de las Comunidades de Energías Renovables y de las Comunidades Ciudadanas de Energía como de interés público, ya que con ello se agilizan y facilitan los trámites con

las autoridades locales, ya sea la posibilidad de que administraciones locales sean miembros, o de que éstas establezcan acuerdos o convenios con
las Comunidades Energéticas para la cesión de espacios o instalaciones
municipales, por ejemplo.

3. Además, plantean ampliar el ámbito subjetivo de las Comunidades
de Energías Renovables, ya que en el Proyecto de RD se limita a que esté
formada por un mínimo de 5 socios o miembros. Y lo que proponen es
añadir lo siguiente: *"pudiendo estar conformada por un socio único, únicamente cuando éste sea una asociación de usuarios o consumidores o una
cooperativa, o por dos socios o miembros cuando éstos sean una entidad
local y una asociación de usuarios o consumidores o una cooperativa"*.

4. Otra cuestión importante que alegan es que en el artículo 9 del
Proyecto de RD, no se circunscriba el ámbito de actuación de las Comunidades Ciudadanas de Energía únicamente al sector eléctrico, sino que se
añada "y a la prestación de otros servicios energéticos".

5. Plantean también que se suprima el término "directamente" cuando
se cuando se habla en el Proyecto de RD de que "Se considerará socio o
miembro de una comunidad de energías renovables (cuando el proyecto
sea desarrollado en municipios de hasta 5.000 habitantes) a aquellas personas que sean las propietarias de bienes inmuebles, tengan su residencia
habitual o sean titulares de un punto de suministro en el municipio donde
se desarrolla el proyecto, así como los de municipios directamente colindantes en un radio de 40 kilómetros y siempre que no superen los 50.000
habitantes (…)".

De modo que el texto definitivo quedaría del siguiente modo: "así
como los de municipios colindantes en un radio de 40 kilómetros y siempre que no superen los 50.000 habitantes (…)".

6. Para evitar la entrada de forma masiva de las grandes energéticas u
otros inversores en este tipo de proyectos, que en su opinión, lo que harían
sería la perversión de este tipo de proyectos a lógicas mercantilistas, pues
el beneficio, hasta un 49%, podría destinarse al reparto de dividendos (en
lugar de promover las finalidades propias de las comunidades de energías
renovables y comunidades ciudadanas de energía), proponen que donde
el Proyecto de RD dice "se entenderá que las Comunidades de Energías
Renovables proporcionan beneficios medioambientales, económicos y sociales a sus socios o miembros y a las zonas locales donde operan cuando
destinen, principalmente, que no exclusivamente, los beneficios económicos que pudieran obtener a la reducción de costes de energía de sus socios o miembros, al desarrollo de actuaciones relacionadas con su objeto
social, a inversiones que supongan una mejora ambiental del entorno o

al desarrollo social de la localidad o localidades donde desarrollan su actividad", se sustituya el término "principalmente" de "cuando destinen, principalmente, que no exclusivamente, los beneficios económicos que pudieran obtener" por "cuando destinen exclusivamente los beneficios económicos que pudieran obtener".

7. Proponen que en el Proyecto de RD quede muy clara la trasposición del artículo 16 de la Directiva 944/2019, cuando señala que "los Estados miembros ofrecerán un marco jurídico favorable para las comunidades ciudadanas de energías que garantice que el gestor de la red de distribución correspondiente coopere, a cambio de una compensación justa evaluada por la autoridad reguladora, con las comunidades ciudadanas de energía para facilitar transferencias de electricidad entre estas", así como que las Comunidades Ciudadanas de Energía tengan "derecho a poseer, establecer, redes de distribución y gestionarlas autónomamente", y que tengan así mismo "derecho a adquirir o arrendar redes de distribución y gestionarlas autónomamente. Para ello, tendrán derecho a celebrar un acuerdo sobre la gestión de su red con el gestor de la red de distribución o el gestor de la red de transporte correspondiente al que esté conectada su red, pactando una compensación justa por ello".

Y además de ello, proponen que cuando una Comunidad Ciudadana de Energía alcance el 60% de los cups (puntos de suministro) o de la energía suministrada en su ámbito de su actuación, siempre y cuando el alcance sea superior a los 10.000 puntos de suministro, se establecerá un mecanismo para que la Comunidad Ciudadana de Energía pueda gestionar la red de distribución en dicho territorio, lo cual podría quedar redactado del siguiente modo en el Proyecto de RD: "Se fijará un mecanismo de garantía por parte de la CNMC, que establecerá un precio y la obligación de cesión por parte de la distribuidora a favor de la Comunidad Ciudadana de Energía".

8. Plantean, por último, que en la previsión de la Disposición final tercera (Liberación de capacidad en nudos reservados para concurso para instalaciones de generación que formen parte de comunidades energéticas), que consideran acertada, se mejore algo su redacción y su ámbito de aplicación, de forma que el acceso a esta medida sea posible tanto para Comunidades de Energías Renovables como para Comunidades Ciudadanas de Energía, y que el porcentaje en vez de 5 (como plantea el Proyecto de RD) sea 30.

Ahora bien: como ya hemos señalado con anterioridad, este proceso normativo ha quedado paralizado tras la convocatoria de Elecciones Generales realizada ese mismo mes de mayo del año 2023, por lo que, a la fecha de cierre de estas líneas, seguimos sin contar con ese marco regulatorio completo, tan ansiado y demandado por el sector. Y tampoco sabemos si finalmente el MITECO recogerá algunas o todas las propuestas planteadas por los agentes que presentaron las alegaciones a las que nos hemos referido. Sea como sea, lo importante, hemos de subrayarlo, es que de una vez por todas, se retome este proceso normativo, y se finalice cuanto antes, en el sentido señalado en el cuerpo de este libro.

8. BIBLIOGRAFÍA RECOMENDADA

8.1. Libros, capítulos de libros y artículos doctrinales en revistas indexadas

ALENZA GARCÍA, J. F., *La regulación de las energías renovables ante el cambio climático*, Thomson-Reuters, Aranzadi, Cizur Menor, 2014.

ALMODÓVAR IÑESTA, M., "La ciudadanía como motor de las transición energética: Comunidades energéticas locales", en la obra colectiva *Derecho y energías renovables*, dirigida por ROSA MORENO, J., y VALENCIA MARTÍN, G., 2021, pp. 349-390.

ÁLVARO HERMANA, R., FRAILE ARDANUY, J., MERINO FERNÁNDEZ, J., Y CASTAÑO SOLIS, S. P., "Impacto de las políticas de autoconsumo y recarga del vehículo eléctrico en comunidades energéticas", *Ekonomiaz: Revista vasca de economía*, N°. 99, 2021 (Ejemplar dedicado a: Retos de la transición energética I • 2021 en el País Vasco para la próxima década), pp. 242-267.

ALONSO GARCÍA, C., "La incidencia de las potestades de los entes locales en el desarrollo e implantación de las energías renovables", *Revista Cuadernos de Derecho Local* n° 61, 2023, pp. 112-139.

ATUTXA ORDEÑANA, E., AGUADO MUÑOZ, R., Y ZUBERO BEAS-COECHEA, I., "Hacia una transición energética justa e inclusiva: la contribución de la Economía Social a la conformación de las Comunidades Energéticas Europeas", *CIRIEC - España. Revista de economía pública, social y cooperativa*, N°. 104, 2022, pp. 113-141.

BACIGALUPO SAGGESE, M., "España ante los desafíos de la transición energética: Integración de la política energética en la política climática, transición justa y seguridad jurídica", en *Los desafíos jurídicos de la transición energética*, DELGADO PIQUERAS, F., GALÁN VIOQUE, R., GARRIDO CUENCA, N. M., GONZÁLEZ RÍOS, I., 2021, ISBN 978-84-13-91192-2, pp. 51-66.

BAIGORROTEGUI, G., Y PARKER, C., *¿Conectar o desconectar? Comunidades energéticas y transiciones hacia la sustentabilidad*, Editorial de la Universidad de Santiago de Chile, 2018.

BARRERO RODRÍGUEZ, C., "Los consorcios administrativos ante el nuevo régimen jurídico", en *Revista Andaluza de Administración Pública* núm. 94, 2016, pp. 57 y ss.

BARTLETT I CASTELLÀ, E. R., "Comunidades energéticas", en la obra colectiva *Estudios sobre cambio climático y transición energética: Estudios conmemorativos del XXV aniversario del acceso a la cátedra del profesor Íñigo del Guayo Castiella* / coord. por ALENZA GARCÍA, J. F., y MELLADO RUIZ, L., 2022, pp. 289-312.

    – "Algunas consideraciones sobre la transposición del paquete de energía limpia para todos los europeos en relación con las comunidades energéticas", en la obra colectiva *Retos del Derecho ante un mundo global*, coord. por Emaldi Cirión, A., y La Spina, E., 2020, pp. 711-745.

CASTILLO BLANCO, F. A., "La nueva regulación de los consorcios públicos: interrogantes y respuestas sobre el régimen jurídico de su personal", en *Revista Vasca de Administración Pública*, núm. 99/100, 2014, pp. 887 y ss.

CASTRO-GIL AMIGO, J.: "Las comunidades ciudadanas de energía (art. 16)", en PAREJO ALFONSO, L., y CASTRO-GIL AMIGO, J., (coords.), *Directiva de mercado interior de la electricidad*, Thomson Reuters-Aranzadi, 2020.

COTARELO ÁLVAREZ, P., "Comunidades energéticas: desarrollo de una alternativa real", *Papeles de relaciones ecosociales y cambio global*, N°. 159, 2022, pp. 123-135.

DEL GUAYO CASTIELLA, I., "Concepto, contenidos y principios del Derecho de la Energía", *Revista de Administración Pública* N° 212, 2020.

DEL GUAYO CASTIELLA, I., DOMÍNGUEZ LÓPEZ, E., y LEIVA LÓPEZ, A., "Régimen jurídico del auto-consumo en España. A propósito del Real Decreto 900/2015, de 9 de octubre", en CASTRO-GIL AMIGO, J., *Riesgo regulatorio en las energías renovables II*, Aranzadi, 2016, pp. 103-142.

DEL GUAYO CASTIELLA, I., Y CUESTA ADÁN, A., "La regulación de los nuevos negocios eléctricos de la transición", *Revista Española de Derecho Administrativo*, núm. 214, 2021.

DELGADO PIQUERAS, F., GALÁN VIOQUE, R., GARRIDO CUENCA, N., y GONZÁLEZ RÍOS, I., *Los desafíos jurídicos de la transición energética*, Thomson-Reuters, Aranzadi, Cizur Menor, 2021.

EMBID IRUJO, A., *Agua, energía, cambio climático y otros estudios de Derecho ambiental en recuerdo a Ramón Martín Mateo*, Thomson-Reuters, Aranzadi, Cizur Menor, 2015.

ESPÍN SÁNCHEZ, F., "Los ingenieros estamos llamados a ser actores clave en el desarrollo de las comunidades energéticas", *Técnica industrial*, N° 332, 2022, pp. 24-26.

FAJARDO GARCÍA, G., "El autoconsumo de energía renovable, las comunidades energéticas y las cooperativas", *Noticias de la economía pública social y cooperativa = Noticias CIDEC*, N°. 66, 2021 (Ejemplar dedicado a: El autoconsumo de energía renovable, las comunidades energéticas y las cooperativas), pp. 34-51.

FAJARDO GARCÍA, G., Y FRANTZESKAKI, M., "Las comunidades energéticas en Grecia", *REVESCO: revista de estudios cooperativos*, N°. 137, 2021, pp. 57-72.

FALCÓN-PÉREZ, C. E., "Las cooperativas energéticas verdes como alternativa al sector eléctrico español: una oportunidad de cambio", *Actualidad jurídica ambiental* N° 104, 2020.

–   "Las Comunidades Energéticas como iniciativas emergentes que luchan contra el Cambio Climático" *Actualidad Jurídica Ambiental*, N° 136, 2023.

FORONDA DIEZ, C., "Las Comunidades Energéticas: la ciudadanía en el centro de la transición energética", *Temas para el debate*, N°. 335 (noviembre), 2022 (Ejemplar dedicado a: Transición energética y sostenibilidad), pp. 35-37.

FUENTES I GASÓ, J. R., "Las comunidades energéticas locales como instrumentos de transformación ambiental y social", capítulo dentro de la obra *La Unión Europea ante los objetivos de desarrollo sostenible de la Agenda 2030*, Tesis Doctoral dirigida por CALZADILLA MEDINA, M. A., y MARTINÓN QUINTERO, R., 2022, pp. 85-87.

GALÁN GALÁN, A., Más allá de la autonomía local: de la despoblación rural al poder de las ciudades", *Anuario del Gobierno Local*, N°. 1, 2019, pp. 11-44.

GALÁN VIOQUE, R., "El régimen del autoconsumo", en DELGADO PIQUERAS, F. (dir.), *El derecho de las energías renovables y el regadío*, Thomson-Reuters, Cizur Menor, 2018.

GALÁN VIOQUE, R., "El reto de las energías renovables en Andalucía; ¿es posible un marco jurídico propio?", *Retos jurídicos actuales de la administración andaluza*, septiembre de 2022, pp. 351-377.

GALÁN VIOQUE, R., y GONZÁLEZ RÍOS, I., *Derecho de las energías renovables y la eficiencia energética en el horizonte 2020*, Thomson-Reuters, 2018.

GALERA RODRIGO, S., "Energía: transición energética, fase II", en LÓPEZ RAMÓN, F., *Observatorio de Políticas Ambientales 2019*, CIEMAT 2019, pp. 761-798.

GALLEGO CÓRCOLES, I., *Comunidades de energía y transición energética*, Thomson Reuters Aranzadi, 2022.

– "Las comunidades de energías renovables: Retos pendientes", en la obra colectiva *Los desafíos jurídicos de la transición energética*, coord. por Ruiz Olmo, I., Amaral Winter, J. M., y dirigida por Delgado Piqueras, F., Roberto Galán Vioque, R., Garrido Cuenca, N. M., y González Ríos, I., 2021, pp. 597-622.

– "Las Comunidades de energías renovables y comunidades ciudadanas de energía: concepto y propuestas de regulación", en: *Congreso Internacional: Desafíos Jurídicos de la Transición Energética Post-COVID*, 10 y 11 de Junio 2021, Albacete: Facultad de Derecho de Albacete, 2021.

GARCÍA MÁRQUEZ, A., "Cooperativas, comunidades energéticas y la normativa española", *Noticias de la economía pública social y cooperativa = Noticias CIDEC*, N°. 66, 2021. Ejemplar dedicado a: El autoconsumo de energía renovable, las comunidades energéticas y las cooperativas, pp. 55-56.

GIMENO FELIÚ, J. M., *El servicio público eléctrico en el mercado interior de la energía*, Civitas, Madrid, 1994.

GIMENO RIBES, M., "Un modelo societario de éxito en el Derecho alemán: la GmbH & cO. kg y sus variedades", en EMBID IRUJO, *La tipología de las sociedades mercantiles: entre tradición y reforma*, IBAÑEZ, G., Bogotá, 2017.

GONZÁLEZ RÍOS, I., "Los edificios de consumo casi nulo de energía: un reto para la protección ambiental, la diversificación energética y la rehabilitación urbana", *Revista Andaluza de Administración Pública* núm. 103 (2019, pp. 17-53);

- "El autoconsumo de energía eléctrica: incipiente regulación e implicaciones urbanísticas, energéticas y medioambientales", *Revista Vasca de Administración Pública* núm. 99/100, 2014, pp. 1623-1648.
- "Comunidades energéticas locales: un nuevo desafío para las entidades locales", *Revista Vasca de Administración Pública* núm. 117, Mayo-Agosto 2020, pp. 147-193.
- "Comunidades de energías renovables y comunidades ciudadanas de energía", *Congreso Internacional: Desafíos Jurídicos de la Transición Energética Post-COVID*, 10 y 11 de Junio 2021, Facultad de Derecho de Albacete, 2021.

GÜELL, O., "Un impulso para las comunidades energéticas desde la legislación europea", *Noticias de la economía pública social y cooperativa = Noticias CIDEC*, Nº. 66, 2021, Ejemplar dedicado a El autoconsumo de energía renovable, las comunidades energéticas y las cooperativas, pp. 52-54.

HERRERA, J, y NAVARRO RODRÍGUEZ, P., "Las comunidades energéticas como nuevo sujeto del derecho energético en España: del falansterio a la transformación", *Anuario del Gobierno Local*, Nº. 1, 2021 (Ejemplar dedicado a: Los Gobiernos locales ante el cambio climático), pp. 203-248.

JAIO GABIOLA, E., PAREDES GÁZQUEZ, J. y SÁNCHEZ RODRÍGUEZ, J. A., "El bono social y las cooperativas energéticas verdes: situación y perspectivas", *REVESCO: Revista de Estudios Cooperativos* núm. 122, 2016, pp. 165-190.

JAIME MENÉNDEZ SÁNCHEZ, J., Y FERNÁNDEZ GÓMEZ, J., "Comunidades Energéticas: casos de estudio", *Orkestra-Instituto Vasco de Competitividad*, 2022.

LEIVA LÓPEZ, A., "La regulación del autoconsumo de electricidad en un nuevo entorno social y tecnológico", *Revista Vasca de Administración Pública* núm. 110, 2018, pp. 117 y ss.

- "El prosumidor como pieza clave en la transición energética del sector eléctrico", *Revista Española de Derecho Administrativo*, 2019, pp. 291-334.

LÓPEZ DE CASTRO GARCÍA-MORATO, L., "Comunidades Energéticas de carácter local y lucha frente a la despoblación: condicionantes legales y papel de los entes locales", *Actas del I Congreso interdisciplinar sobre despoblación: Diagnóstico, territorio y gobierno local*. Ciudad Real 22 y 23 de septiembre de 2022 / Carmen Navarro Gómez (ed. lit.), Ángel Raúl Ruiz Pulpón (ed. lit.), Francisco Velasco Caballero (ed. lit.), Jorge Castillo Abella (ed. lit.), 2022, pp. 561-580.

LÓPEZ-IBOR MAYOR, V., *El derecho eléctrico español en el proceso de creación de la electricidad en la Unión Europea*, Tesis Doctoral, Universidad Complutense de Madrid, 2017.

MELLADO RUIZ, L., "La protección de los consumidores vulnerables en tiempos de covid-19", *Ars Iuris Salmanticensis: AIS: revista europea e iberoamericana de pensamiento y análisis de derecho, ciencia política y criminología*, Vol. 9, Nº. 1, 2021, pp. 11-29.

MENÉNDEZ SÁNCHEZ, J., y FERNÁNDEZ GÓMEZ, J., *Comunidades Energéticas. Casos de estudio*, Cuadernos Orkestra Nº 5, Instituto Vasco de Competitividad, 2022.

MORCILLO, M. A., "Innovación social y transición energética: iniciativas de comunidades energéticas", *Técnica industrial*, Nº 332, 2022, pp. 20-23.

MORILLAS JARILLO, M., J., y FELIÚ REY, M. I., *Curso de Cooperativas*, Tomo I, Tecnos, 2018.

NAVARRO RODRÍGUEZ, P., "La necesaria regulación interna y completa de las comunidades energéticas en España", *Revista de Derecho Urbanístico y Medio Ambiente*, Nº 360, 2023, pp. 69-116.

NAVARRO RODRÍGUEZ, P., y RUIZ ROBLEDO, A., "La reforma energética en España: análisis constitucional y administrativo", *CEF Legal: Revista práctica de derecho. Comentarios y casos prácticos*, Nº. 189, 2016.

NOVALBOS GÓMEZ, R., "Comunidades energéticas, un camino empedrado hacía la soberanía energética. Un estudio de caso: Tercio Terol. Madrid", *Documentación social*, Nº 12, 2022 (Ejemplar dedicado a: Personas en situación irregular y sus implicaciones a debate).

ORENA DOMÍNGUEZ, A., "Las comunidades energéticas y los tributos locales en el País Vasco", *Instituto de Estudios Fiscales*, Nº. 3, 2023. Ejemplar dedicado a: II Jornadas sobre la Reforma Ambiental de las Haciendas Locales: La reforma en el marco jurídico europeo, estatal y autonómico / coord. por GARCÍA CARRETERO, B.

PAREJO ALFONSO, L., y CASTRO-GIL AMIGO, J., *Directiva del mercado interior de la electricidad*, Thomson Reuters-Aranzadi, 2020.

PAZ-ARES, C., "Uniones de empresas y grupos de sociedades", en *Lecciones de Derecho Mercantil*, VVAA, vol. I., Thomson Reuters- Aranzadi, 2020.

PEZZAGIA, M., "Comunità dell'energia - Approfondimenti per il recepimento nazionale e analisi comparata delle leggi regionali sulla promozione delle comunità dell'energia", GPE, 2019.

PESQUÉ CASTILLO, C., "Las Comunidades Energéticas: Una oportunidad para empoderar a la ciudadanía en la gestión de su propia energía sin dejar a nadie atrás", *Cuadernos de energía*, Nº. 70, 2022, pp. 44-46.

PRESTICE, L., "Autoconsumo colectivo en edificios plurifamiliares. Problemáticas no resueltas e impulso municipal", en DELGADO PIQUERAS, F., GALÁN VIOQUE, R., GARRIDO CUENCA, N., y GONZÁLEZ RÍOS, I., *Los desafíos jurídicos de la transición energética*, Thomson-Reuters, Aranzadi, Cizur Menor, 2021.

QUES MENA, L., y DE PEDRO MARTÍN, L., "El futuro del autoconsumo en España: A propósito de la hoja de ruta para el autoconsumo: Especial referencia a las comunidades energéticas", *Anuario de derecho administrativo 2022*, coord. por RECUERDA GIRELA, M. A, 2022, pp. 877-888.

RAMÍREZ, M., "Las comunidades energéticas se abren paso en la producción y distribución de energía", *Técnica industrial*, Nº 332, 2022, pp. 10-14.

RAMÍREZ TOVAR, A. M., "Regionalizar la globalidad de las comunidades energéticas como pilares de la transición energética en América Latina", *Estudios Avanzados*, Nº. 36, 2022, pp. 140-142.

REVUELTA PÉREZ, I., "Comunidades energéticas: los desafíos jurídicos para los entes locales", *Anuario de Derecho Municipal* Nº 16, 2022.

ROMERO RUBIO, M. C., *Barreras y oportunidades para el desarrollo de Comunidades Energéticas sostenibles en España. Estudio comparativo en Estados Unidos y Alemania*, Tesis Doctoral, 2015.

ROMERO RUBIO, C., Y DE ANDRÉS DÍAZ, J. R., "Modelos de financiación para comunidades energéticas sostenibles en Estados Unidos", *Comunicaciones presentadas al XX Congreso Internacional de Ingeniería de Proyectos*, Cartagena, julio de 2016.

RUIZ OLMO, I. *La regulación de las energías renovables: la electricidad fotovolaica*. Editorial Tecnos, 2021.

RUIZ PÉREZ, A., "La iniciativa local en la creación de comunidades energéticas", *Práctica urbanística*, Nº. 181, 2023.

SALGADO CRIADO, J., NÚÑEZ GUERRERO, Y., GRIJALVO MARTÍN, M., Y HUERGA GONZÁLEZ, A., "El reto de la financiación de pequeños proyectos ASG: el caso de las comunidades energéticas", *Revista Diecisiete: Investigación Interdisciplinar para los Objetivos de Desarrollo Sostenible*, Nº. 5, 2021, pp. 205-212.

SERBI, C. y VERNAY, A. L., "Community renewable energy in France: The state of development and the way forward", *Energy Policy*, 143, 2020, p. 4/13.

SERRA MALLOL, A., J., *Las agrupaciones de interés económico: una nueva forma social*, Tecnos, 1992.

TORNOS MAS, J., "La remunicipalización de los servicios públicos locales. Algunas precisiones conceptuales", *El Cronista* Nº 58-59, 2016.

TORRES LÓPEZ, M. A., y ARANA GARCÍA, E., *Energía eólica: cuestiones jurídicas, económicas y ambientales*, Thomson-Reuters, Aranzadi, Cizur Menor, 2010.

TORRES LÓPEZ, M. A., y CONDE ANTEQUERA, J., *Administración local y energías renovables*, Comares, Granada, 2015.

VARGAS VASSEROT, C., *La actividad cooperativizada y las relaciones de la cooperativa con sus socios y con terceros*, Thomson Aranzadi, 2006.

VICENT CHULIÁ, F., "Introducción. Normas y ámbito de aplicación", en Tratado de Derecho de Sociedades Cooperativas, 2.ª edición (Dir. Peinado Gracia), Tirant Lo Blanch, Valencia, 2019, p. 92.

ZAMORA SANTA-BRÍGIDA, I., " La compensación de excedentes en el suministro de energía eléctrica con autoconsumo: una cuestión al fin resuelta, pero insuficientemente explicada", *Anuario Jurídico Secciones del ICAM* 2021 / coord. Eugenio Ribón Seisdedos, 2021, pp. 379-389.

8.2. Otras publicaciones

AGENCIA ANDALUZA DE LA ENERGÍA, Guía para el fomento del autoconsumo en los municipios andaluces, 2019.

COMITÉ EUROPEO DE LAS REGIONES, *Modelos de asunción local en materia de energía y el papel de las comunidades locales de energía en la transición energética en Europa de 6 de diciembre de 2018 (2019/c/86/03)*.

GONZÁLEZ PONS, E., y GRAU LÓPEZ, C., *Las cooperativas de consumo eléctricas y las comunidades energéticas*, Hispacoop y Ministerio de Trabajo y Economía Social, diciembre de 2021.

HERRERA, J., FRESCO, P, y NAVARRO, P., "Una propuesta energética para el mundo local", *Diario El País*, 3 de enero de 2022.

IDAE, *Guía para el Desarrollo de Instrumentos de Fomento de Comunidades Energéticas Locales*, 2019.

IDAE, *Visor de Comunidades Energéticas vigentes en las diferentes comunidades autónomas*, última actualización de 1 de septiembre de 2023, disponible en https://informesweb.idae.es/visorccee/

IDAE, Guía Profesional de Tramitación del Autoconsumo, 2023.

INSTITUTO INTERNACIONAL DE DERECHO Y MEDIO AMBIENTE (IIDMA): *Guía jurídica para la constitución de comunidades energéticas*, diciembre de 2022.

PLAN NACIONAL INTEGRADO DE ENERGÍA Y CLIMA 2021-2030 (PNIEC).

VV.AA., "ANESA y CIDE definen un plan de integración de renovables y eficiencia energética a partir de comunidades energéticas locales", *El Instalador*, Nº 593, 2021, pp. 46-47.

VVAA: *Guía para el impulso de Comunidades Energéticas con perspectiva municipal*, Diputación de Barcelona, febrero de 2021.

VVAA: *Guía para la promoción pública de las comunidades energéticas*, Diputación de Valencia, 2022.

VVAA: *Comunidades Energéticas en el marco del Plan de Recuperación, Transformación y Reliencia*, publicado en la web de IDAE, https://www.idae.es/ayudas-y-financiacion/comunidades-energeticas.

VVAA: *Comunidades energéticas*: https://comunidadesenergeticas.org.

VVAA: *Guía per a l'impuls de les comunitats energètiques amb perspectiva municipal* Diputació de Barcelona, Diciembre de 2021.

VVAA: *Comunidades energéticas, una opción de futuro*, GoiEner, 16 de febrero de 2021.

8.3. Páginas web

➤ https://comunidadesenergeticas.org/
➤ https://comunidadesenergeticas.org/lasierra/
➤ https://sapiensenergia.es/somossapiens/
➤ https://www.miteco.gob.es/

8.4. Fuentes normativas

✓ Constitución Española de 1978.
✓ Decreto Legislativo 199/2021, de 8 de noviembre, de 2021(Italia).
✓ Decreto Legislativo 210/2021, de 8 de noviembre, de 2021(Italia).
✓ Decreto Ley 28/2021, de 21 de diciembre, de modificación del libro quinto del Código civil de Cataluña.
✓ Decreto-ley 2/2022, de 23 de junio, por el que se adoptan medidas urgentes para la agilización de la gestión de los fondos europeos y el impulso de la actividad económica.
✓ Decreto Ley 15/2022, de 14 de enero, de Comunidades Energéticas en Portugal.
✓ Directiva 96/92/CE del Parlamento Europeo y del Consejo, de 19 de diciembre de 1996, sobre normas comunes para el mercado interior de la electricidad se aboga por un mercado liberalizador de la energía y protección del medio ambiente.
✓ Directiva (UE) 2018/2001 del Parlamento Europeo y del Consejo de 11 de diciembre de 2018 relativa al fomento del uso de energía procedente de fuentes renovables.
✓ Directiva (UE) 2018/2002 del Parlamento Europeo y del Consejo de 11 de diciembre de 2018 por la que se modifica la Directiva 2012/27/UE relativa a la eficiencia energética.
✓ Directiva (UE) 2019/944 del Parlamento Europeo y del Consejo, de 5 de junio de 2019, sobre normas comunes para el mercado interior de la electricidad y por la que se modifica la Directiva 2012/27/UE.
✓ Directiva (UE) 2023/2413 del Parlamento Europeo y del Consejo de la Unión Europea, de 18 de octubre de 2023 por la que se modifica, entre otras, la Directiva (UE) 2018/2001 en lo relativo a la promoción de la energía procedente de fuentes renovables ("Directiva RED III").
✓ Ley 54/1997, de 27 de noviembre, del Sector Eléctrico.
✓ Ley 27/1999, de 16 de julio, de Cooperativas.
✓ Ley 5/2006, de 10 de mayo, del libro quinto del Código civil de Cataluña, relativo a los derechos reales.
✓ Ley 5/2011, de 29 de marzo, de Economía Social.
✓ Ley 24/2013, de 26 de diciembre, del Sector Eléctrico.
✓ Ley de 20 de febrero de 2015, sobre fuentes de Energías Renovables (Polonia).
✓ Ley 43/2015, de 9 de octubre, del Tercer Sector de Acción Social.
✓ Ley 4513/2018, de 22 de enero, de Comunidades Energéticas (Grecia).
✓ Ley 2019-1147, de 8 de noviembre de Energía y Clima (Francia).
✓ Ley n° 8/2020 del 28 de febrero de 2020 (Italia).
✓ Ley 7/2021, de 20 de mayo, de cambio climático y transición energética.
✓ Ley 13/2022, de 2 de noviembre, de creación de la Agencia Riojana de Transición Energética y Cambio Climático.
✓ Ley 6/2022, de 5 de diciembre, de la Generalitat, del cambio climático y la transición ecológica de la Comunitat Valenciana.

✓ Ley 6/2022, de 27 de diciembre, de cambio climático y transición energética de Canarias.

✓ Ley 10/2022, de 14 de junio, de medidas urgentes para impulsar la actividad de rehabilitación edificatoria en el contexto del Plan de Recuperación, Transformación y Resiliencia.

✓ Ley de 11 de marzo de 2023 de Aceleración de las Energías Renovables (Francia).

✓ Ley Foral 4/2022, de 22 de marzo, de Cambio Climático y Transición Energética.

✓ Ley Orgánica 1/2002, de 22 de marzo, reguladora del Derecho de Asociación.

✓ Ley 1/2024, de 8 de febrero, de Transición Energética y Cambio Climático del País Vasco.

✓ Orden TED/1446/2021, de 22 de diciembre, por la que se aprueban las bases reguladoras para la concesión de ayudas del programa de incentivos a proyectos piloto singulares de comunidades energéticas (Programa CE Implementa).

✓ Orden Foral 64/2022, de 21 de octubre, del consejero de Desarrollo Económico y Empresarial, por la que se establecen medidas de fomento de las comunidades de energía en Navarra.

✓ Ordenanza 236/2021, de 3 de marzo, de 2021 (Francia).

✓ Proyecto de Real Decreto por el que se desarrollan las figuras de las comunidades de energías renovables y las comunidades ciudadanas de energía, 2023.

✓ Real Decreto 661/2007, de 25 de mayo, por el que se regula la actividad de producción de energía eléctrica en régimen especial.

✓ Real Decreto-ley 6/2009, de 30 de abril, por el que se adoptan determinadas medias en el sector energético y se aprueba el bono social.

✓ Real Decreto-ley 6/2010, de 9 de abril, de medidas para el impulso de la recuperación económica y el empleo.

✓ Real Decreto-ley 14/2010, de 23 de diciembre, por el que se establecen medidas urgentes para la corrección del déficit tarifario del sector eléctrico.

✓ Real Decreto-ley 9/2013, de 12 de julio, por el que se adoptan medidas urgentes para garantizar la estabilidad financiera del sistema eléctrico.

✓ Real Decreto Legislativo 7/2015, de 30 de octubre, por el que se aprueba el Texto Refundido de la Ley de Suelo y Rehabilitación Urbana.

✓ Real Decreto-ley 20/2018, de 7 de diciembre, de medidas urgentes para el impulso de la competitividad económica en el sector de la industria y el comercio en España.

✓ Real Decreto 244/2019, de 5 de abril, por el que se regulan las condiciones administrativas, técnicas y económicas del autoconsumo de energía eléctrica.

✓ Real Decreto-ley 23/2020, de 23 de junio, por el que se aprueban medidas en materia de energía y en otros ámbitos para la reactivación económica.

✓ Real Decreto-ley 17/2021, de 14 de septiembre, de medidas urgentes para mitigar el impacto de la escalada de precios del gas natural en los mercados minoristas de gas y electricidad.

✓ Real Decreto-ley 14/2022, de 1 de agosto, de medidas de sostenibilidad económica en el ámbito del transporte, en materia de becas y ayudas al estudio, así como de medidas de ahorro, eficiencia energética y de reducción de la dependencia energética del gas natural.

✓ Real Decreto-ley 18/2022, de 18 de octubre, por el que se aprueban medidas de refuerzo de la protección de los consumidores de energía y de contribución a la reducción del consumo de gas natural en aplicación del "Plan + seguridad para tu energía (+SE)".

✓ Real Decreto-ley 20/2022, de 27 de diciembre, de medidas de respuesta a las consecuencias económicas y sociales de la Guerra de Ucrania y de apoyo a la reconstrucción de la isla de La Palma y a otras situaciones de vulnerabilidad.

✓ Real Decreto-ley 5/2023, de 28 de junio, por el que se adoptan y prorrogan determinadas medidas de respuesta a las consecuencias económicas y sociales de la Guerra de Ucrania, de apoyo a la reconstrucción de la isla de La Palma y a otras situaciones de vulnerabilidad; de transposición de Directivas de la Unión Europea en materia de modificaciones estructurales de sociedades mercantiles y conciliación de la vida familiar y la vida profesional de los progenitores y los cuidadores; y de ejecución y cumplimiento del Derecho de la Unión Europea.

✓ Reglamento (UE) 2018/1999 del Parlamento Europeo y del Consejo de 11 de diciembre de 2018 sobre la gobernanza de la Unión de la Energía y de la Acción por el Clima.

✓ Reglamento de ejecución (UE) 2020/1294 de la Comisión, de 15 de septiembre de 2020, relativo al mecanismo de financiación de energías renovables de la Unión.

✓ Reglamento (UE) 2021/241 del Parlamento Europeo y del Consejo de 12 de febrero de 2021 por el que se establece el Mecanismo de Recuperación y Resiliencia que financiará el Plan de Recuperación, Transformación y Resiliencia.

✓ Resolución de 15 de marzo de 2018, de la Secretaría de Estado de Empleo, por la que se publica el Acuerdo del Consejo de Ministros de 29 de diciembre de 2017, por el que se aprueba la Estrategia Española de Economía Social 2017-2020.

✓ Tratado de Maastricht de 7 de febrero de 1992.

✓ Tratado de Ámsterdam de 2 de octubre de 1997.

✓ Tratado de Lisboa de 13 de diciembre de 2007.

✓ Tratado de Funcionamiento de la UE de 3 de marzo de 2010.